Peter Lexe • Ferdinand Neumüller

Slowenien:
Hundert köstliche Entdeckungen

Kultur • Küche • Keller

Verlag Carinthia

Inhalt

Srečno 5

1. Von den Julischen in die Steiner Alpen
Rateče – Kranjska Gora – Bled – Škofja Loka – Kranj – Kamnik – das Savinja- und das Logar-Tal. 9

2. Von den Alpen bis zum Karst
Cave del Predil – Soča-Tal – Bovec – Kobarid – Most na Soči – Idrija – Postojna .. 39

3. Die Goriška Brda und das Vipava-Tal
Tolmin – Dobrovo – Medana – Nova Gorica – Šempeter – Dornberk – Ajdovščina – Vipava. 55

4. Durch den Karst an die Adria
Nova Gorica – Kostanjevica – Komen – Sežana – Koper – Piran – Portorož 87

5. Ljubljana und seine Umgebung 109

6. Dolenjska, Bela krajina und die Gottschee
Litija – Stična – Trebnje – Mokronog – Šmarješke Toplice – Novo Mesto – Dolenjske Toplice – Metlika – die Kolpa-Schlucht – Kostel – Kočevje – Kočevski Rog – Ribnica. 137

7. Das Weinland Štajerska
Celje – Slovenska Bistrica – Rogaška Slatina – Ptuj – Ormož – Jeruzalem – Murska Sobota – Kuzma – Radenci – Gornja Radgona – Lenart – Pesnica – Svečina – Maribor – Dravograd. 157

Rezepte 190

Wirte und Winzer 193

Zeichen und Begriffe 194

Worterklärungen 194

Sloweniens Weine 195

Srečno

Handy-Hände ans Steuer (nur freisprechen ist erlaubt), Abblendlicht des Wagens beim Fahren einschalten und, wenn möglich, die Geschwindigkeitsbeschränkungen peinlich genau einhalten – auch Sloweniens Polizei nimmt ihre Pflichten recht genau. Nur das Strafausmaß ist im europäischen Vergleich erschreckend hoch. Mit einem »Seien Sie vorsichtig« erkläre ich meine Baedaeker-Funktion in dieser Richtung für beendet und komme zu jenem Teil, der mir mehr am Herzen liegt: Sloweniens köstliche Seite.

Meine treue Leserschar ist bereits auf Fahrt gegangen – erst durch die Wirtshäuser in Kärnten (»Kärntner Kuchlmasta«, 1996, Verlag Carinthia), dann hat sie »Sieben köstliche Reisen durch Friaul-Julisch Venetien« (1997, Verlag Carinthia) unternommen und wartet nun ungeduldig vor den Grenzübertrittsstellen nach Slowenien auf das »Achtung, fertig, los«.

Da ist sie, die dritte Auflage, jener „köstlichen Entdeckungen", die ich mit meinem Fotografen und Freund Ferdinand Neumüller erleben durfte. Wie es eben unsere Art ist, verstecken wir unsere Entdeckungen nicht in unseren privaten Notizbüchern und Fotoalben, sondern fordern zum Nachreisen auf. Wobei wir, was auch unsere Art ist, nur Anreize für eigene Entdeckungen schaffen wollen. Die Auswahl an Gaststätten ist ebenfalls sehr persönlich, und keinesfalls können wir dafür garantieren, dass Küche und Service auch bei Ihrem Eintreffen das halten, was sie anlässlich unseres Besuchs versprachen. Das ist aber in der Gastronomie auf der ganzen Welt ein ähnlich heikles Thema. Doch wir glauben, mit unserer Auswahl auch Wirtshäuser und Winzer getroffen zu haben, die ein beständiges Maß an Qualität und Ausdauer aufweisen.

Wir bieten jetzt – als einzige Autoren (und darauf sind wir ehrlich stolz) – ein vierbändiges Reisewerk im Alpen-Adria-Raum an: Kärnten, Slowenien, Friaul-Julisch Venetien und Istrien. Drei Kulturkreise, drei Sprachgruppen, aber eine Küche, die viele Gemeinsamkeiten kennt. Zudem hat sich diese Dreiländerregion einen Namen in der internationalen Sport- und Tourismuswelt geschaffen. Diese Länder haben sich gemeinsam um die Austragung Olympischer Winterspiele beworben. Ihr gemeinsamer Werbeslogan: »Senza confini/Ohne Grenzen/Brez meja«.

Sloweniens Gastronomie war für mich die erlebnisreichste Entdeckung. Zu viele weiße Flecken befanden sich auf meinem kulinarischen Globus. Wohl kannte ich etliche »Billiggasthäuser«, die österreichische Grenzbewohner im Zuge von Autofahrten nach billigem Benzin, billigen Zigaretten aus dem Dutyfreeshop und billigen Calamari fritti oder großen, fleischbehangenen, billigen Grillplatten gerne, oft und dicht bevölkern. Doch das ist nicht die typische Gastronomie von Slowenien. Das sind Gasthäuser, in denen Wirte aus wirtschaftlichem Kalkül und völlig zu Recht eine Zielgruppe zufriedenstellen. Basta!

Das slowenische Wirtshaus ist genauso luxuriös, einfach, rustikal, modern gestaltet, familiär, kommunikativ und vor allem qualitätvoll wie das kärntnerische oder friulanische Wirtshaus. Was dem einen oder anderen Haus noch fehlt, das ist die Wirtshaustradition durch Familiengenerationen, das ist manchmal der Mut, die Teller nicht mit Garnituren zu überladen. Was dem slowenischen Wirtshaus da und dort abgeht, das ist der bäuerliche Lieferant mit gleichbleibend hoher Qualität seiner Produkte. Da wird die Gastronomie noch viel Aufklärungsarbeit bei den Landwirten zu leisten haben. Am Beispiel der Weinbauern wird ja heute schon dargestellt, wie gut die Qualitätspartnerschaft Wirt–Winzer funktionieren kann. Viele Weine Sloweniens sind Kreszenzen von außerordentlicher Güte.

Wirtsleute in Kärnten und Friaul »bedienen« sich bereits der guten Produkte aus Landwirtschaften des eigenen Dorfes. Das stärkt die regionale Küche und fördert somit Wirt und Bauer. Ivi Svetlik, die engagierte und liebenswürdige Patronin des noblen Herrenhauses »Kendov dvorec« in Spodnja Idrija, ist ein gutes Beispiel, wie so etwas funktionieren kann. Bauern bringen frische Salate, Käse, Fleisch, Gemüse – alles in bester Qualität. Der Gast freut sich, wenn die Wirtin mit der Hand auf den Berg hinzeigt und erklärt: »Da, von dort oben, kommt der Käse, den ich Ihnen gerade serviert habe.« Wetten, der Käse schmeckt noch einmal so gut!

Es gibt in Slowenien noch Landschaften, in denen wir kaum Gastwirtschaften gefunden haben, die wir auch in diesem Buch empfehlen können. Nicht, weil sie so schlecht sind, sondern weil sie tatsächlich nur auf die Gäste des Dorfes oder der Umgebung eingestellt sind.

Hier ist die Kenntnis der slowenischen Sprache absolut wichtig, um wenigstens eine Wurst, einen Eintopf oder ein gebratenes Fleisch zu erhalten.

Sonst, Hut ab, vor den Sprachkenntnissen slowenischer Wirte, Wirtinnen und deren Mitarbeiter und Mitarbeiterinnen. In vielen guten Gasthäusern (vor allem mit jungem Personal) ist die englische Sprache ebenso zu Hause wie Deutsch oder Italienisch (hauptsächlich in der Brda, im Karst und am Meer). So viel Internationalität ist im Wirtshaus von Kärnten oder Friaul nicht daheim. Das sollte auch einmal gesagt werden.

Der Slowene verlangt nicht, dass sein Gast sich den Mühen unterzieht, die Landessprache zu erlernen, also dreht er den Spieß um. Viele junge Wirte, Köche, Kellner (Männer und Frauen) haben nach Fachschulen oder Studium in halb Europa oder Übersee fachliche Erfahrungen gesammelt. Das kommt der Qualität in der Gastronomie direkt zugute. Und man darf nicht vergessen, dass Laibach eine internationale Stadt geworden ist: Sitz zahlreicher Botschaften, Gesandtschaften, Vereinigungen und vieler Weltkonzerne. Weil aber die Stadt mit ihren 300.000 Einwohnern im Vergleich zu anderen Hauptstädten in Europa eher als winzig bezeichnet werden darf, ist diese Internationalität spürbarer und familiärer als anderswo.

Wir haben in Laibach Mira und Nataša kennen gelernt. Erstere ist erfolgreiche Spediteurin und Wirtin, letztere deren beste Freundin und Geschäftsführerin in jenem tollen Lokal, das »Monroe« genannt wird. Mira geht gerne aus – und das in der ganzen Welt, »konsumiert viel« und kennt daher die besten Wirtshäuser, Weine, Speisen und damit natürlich auch die Menschen, die hinter diesen Köstlichkeiten stehen. Mira war uns eine spontane, fröhliche und kompetente Reiseführerin. Sie hat uns viel von Slowenien gezeigt. Danke! Da gibt es noch eine zweite dynamische, fesche und kompetente Frau in Laibach, der wir zu Dank verpflichtet sind: Marta Kos, die ehemalige Direktorin des Informationsdienstes der Republik Slowenien. »Wir haben Wünsche, helfen Sie uns?« – Dieser Informationsdienst hat uns sehr geholfen.

Und dann ist da noch Dr. Borut Sommeregger zu nennen. Er ist im Parlament beschäftigt und hat uns so manche Türe geöffnet – ohne Umwege. Er hat mir viel über die Mentalität der Menschen in diesem Lande, über Politik, Wirtschaft und Literatur beigebracht. Borut kennt Gott und die Welt. Glücklicherweise haben wir ihn kennen gelernt.

Viele Freunde bat ich um deren persönliche Wirtshausadressen. Adolf Scherer, der ehemalige Kulturamtsleiter von Villach, der auf die Kochkunst umgestiegen ist, hat mir einen alten Wirtshausführer von Slowenien zur Verfügung gestellt. Bei vielen Gasthäusern hat er kleine Notizen angebracht (originell, freundliche Wirtin, das Rosmarinschnitzel ist toll, gute Jause …). Leider waren so manche dieser Wirtshäuser nicht mehr so originell, wie zu Scherers Zeiten, aber der eine oder andere Tipp passte wunderbar.

Letztendlich erschien gegen Ende unserer Recherchenzeit ein von Tomaž Seršen verfasster Wirtshausführer (Fotos Barbara Zajc) in Laibach. Was uns freut: So manchen Geheimtipp aus unserem Buch wird man beim Meister mit Heimvorteil nicht finden. Andererseits hat er Gasthäuser präsentiert, von denen wir noch nichts gehört haben: ein ganz anderes, gutes Werk mit anderen Zielvorstellungen.

Dass unsere Gattinnen und Kinder wieder einmal auf ihre Männer und Väter verzichten mussten, gehört schon zum Ablauf der Sommersaison. Es tut uns Leid, wir versprechen, den kommenden Sommer der Familie zu widmen, wenn da nicht wieder so ein Buchprojekt wäre … Verzeihung und Nachsicht.

Liebe Leserinnen und Leser: Viel Spaß bei der Lektüre dieses Buches, viel Freude beim Nachkochen der Rezepte aus der slowenischen Küche und guten Appetit beim Aufspüren unserer Adressen und neuer, noch unentdeckter Köstlichkeiten!

Wie sagt der Slowene recht freundlich beim Abschied: Srečno. Servus,

Ihr Peter Lexe

Von den Julischen in die Steiner Alpen:

Rateče – Kranjska Gora – Bled – Škofja Loka – Kranj – Kamnik – das Savinja- und das Logar-Tal

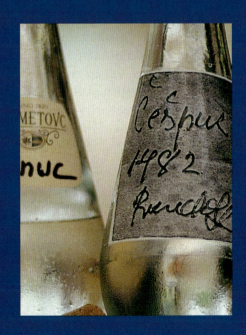

Seit es die »Röhre« gibt, hat der Abstecher nach Slowenien für seine nordwestlichen Nachbarn, die Kärntner, viel von seiner früheren Beschwerlichkeit verloren. Die »Röhre« ist der mehr als 7,8 Kilometer lange Karawankentunnel. Er ist Glanzstück der Autobahn, die Slowenien ab Jesenice mit Kärnten, Salzburg und Bayern verbindet. Hamburg–Jesenice (Aßling) kann in einem durchgefahren werden. Dann hapert's: Auf der Staatsstraße Nummer 1 sind zwischen Radovljica und dem Beginn des nächsten Autobahnteilstücks in Richtung Ljubljana (Laibach) noch 20 Kilometer Holperweg zurückzulegen. Haben sich früher einmal die Kolonnen auf dem Wurzenpass vor den Grenzbalken gebildet (für so manchen Flachland-Autofahrer war es ein Schock, im letzten Steilhang vor der Grenze stehen bleiben zu müssen), so staut es sich jetzt in der Autobahnlücke. Vor allem, weil ja in diesem Bereich auch die Straße vom Loiblpass in die Nummer 1 mündet. Der Wurzen- und der Loiblpass waren früher einmal die wichtigsten Verkehrsverbindungen nach Ljubljana und weiter nach Kroatien. Heute sind die beiden Pässe Verbindungen für den kleinen Grenzverkehr zwischen den Städten Ljubljana und Klagenfurt beziehungsweise Villach. Auch vom nordöstlichsten Zipfel Italiens, von Tarvisio (Tarvis) nämlich, ist diese Ecke Sloweniens nur über eine Bergstraße erreichbar. Die Europamagistrale muss für Reisende schneller und bequemer sein, das war der Grund für den Bau des Karawankentunnels.

Mit der Verlagerung des internationalen Verkehrs ist in einer Region mehr Ruhe eingekehrt: im Tal der Sava Dolinka, der Wurzener Save.

Kranjska Gora – die Olympia-Region

»Senza confini« (ohne Grenzen) geistert als Begriff schon seit Jahren durch die Öffentlichkeit. Damit ist die Grenzregion am Dreiländereck: Tarvisio (Italien), Arnoldstein (Österreich), Kranjska Gora (Slowenien) gemeint. Mit der Stadt Klagenfurt als offizielles Zugpferd haben die drei Länder versucht, die Olympischen Winterspiele für das Jahr 2006 zu erhalten. Diese grenzenlose Idee gelangte sogar bis in die Endausscheidung. Dass Kranjska Gora mit dem Schiweltcup und mit dem Schifliegen in Planica Weltruf erlangt hat, ist bekannt. Der legen-

däre österreichische Schispringer Bubi Pradl »flog« seinerzeit als erster Mensch über die 100-Meter-Marke. Im Gasthaus »Pri Žerjavu« in Rateče erinnert so manches Foto an die großen Schisprungereignisse.

Heute ist Kranjska Gora auch ein Ort der Sommerfrische, Ausgangspunkt für Wanderungen in den Triglav-Nationalpark, für Berg- und Klettertouren in den Julischen Alpen. Diese haben ihren Namen dem großen römischen Feldherren Julius Cäsar zu verdanken, der in diesem Gebiet die Alpen überquerte. Was sich zum Leidwesen mancher Gymnasiasten auch im Lateinunterricht beim Kapitel »Cäsar-Lektüre« niederschlägt.

Kranjska Gora hat recht gute Hotels und sehr viele Restaurants, in denen nicht nur die Sommergäste und Schitouristen speisen, sondern auch viele Kärntner und Friulaner, die eine Einkaufsspritztour zum Nachbarn unternehmen.

In erster Linie sollte im Sommer aber gewandert werden. Zum Jasna-See beispielsweise, am Fuße von Mangart und Jalovec. Von hier erschließt sich diese Bergwelt auch mit dem Vršič-Pass. Er ist im Winter gesperrt. Zahlreiche Serpentinen führen zur 1611 Meter hoch gelegenen Passhöhe und dann weiter in das Trenta- und Soča-Tal. Ein Juhu-Erlebnis für Motorradfahrer!

Über Rateče (Grenzübergang zu Italien), Tarvisio und den Cave del Predil (Grenzübergang Italien–Slowenien) führt ebenfalls eine sehr schöne Passstraße in das Soča-Tal. Die Fahrt auf dieser Strecke sollte im Sommer und Frühherbst zeitlich so gewählt werden, dass ein Abstecher in Richtung Mangart unternommen werden kann. Eine enge, asphaltierte und kurvenreiche Mautstraße führt direkt zu den Steilwänden dieses imposanten 2679 Meter hohen Felskolosses. Die Straße ist 12 Kilometer lang und nichts für ängstliche Autofahrer. Dafür erschließt sie als Belohnung traumhafte Fernblicke.

Das Seenland von Bled und Bohinj, der Triglav-Nationalpark

Wo es besonders schön war im einstigen Jugoslawien, ließ sich Marschall Josip Broz-Tito eine Residenz oder zumindest ein Feriendomizil errichten. Am See von Bled (Veldes) steht so eine Tito-Villa. Sie heißt längst schon »Vila Bled« und ist ein nobles Hotel mit eigenem Strandbad geworden. Bled nennt sich Luftkurort, liegt 501 Meter hoch und wird von der Straße 1 über Lesce erreicht. Golfer kennen diese Gegend seit langer Zeit durch den 18-Loch-Platz, er war einer der ersten der Dreiländerregion.

Der nach dem Ort Blejsko jezero benannte See ist 31 Meter tief, wird teilweise durch warme Quellen gespeist und friert wirklich nur in äußerst kalten Wintermonaten zu. Im Sommer kann er sogar Wassertemperaturen von 24 und 25 Grad erreichen – also herrlich zum Baden. Was diesem See seinen landschaftlichen und kulturellen Reiz verleiht, sind die Burg Bled, deren Felshänge in den See »fallen«, und die Insel mit der Kirche Mariä Himmelfahrt. Die Slowenen nennen sie »Mati Božja na otoku« (die Muttergottes auf der Insel). Sie ist vom Casino in Bled mit dem Boot aus erreichbar. Zur Burg führen eine Straße und ein Fußweg (langsame Gehzeit: rund 30 Minuten). Vom Burgrestaurant aus ist der Blick natürlich traumhaft schön.

Bled erschließt auch das Kerngebiet des Triglav-Nationalparks, Triglavski narodni park.

Kernstück darin ist der 2864 Meter hohe Triglav, Sloweniens höchster Berg, der markanteste Felsstock der Julischen Alpen. Ihn trifft das Los aller höchsten Berge eines Landes: Zu viele Menschen wollen den Gipfel erstürmen, es herrscht Gedränge.

Da ist es am Bohinjsko jezero (Wocheiner See) schon gemütlicher. Vor allem dann, wenn man im Sommer mit dem Museumszug von Jesenice aus andampft. Der Zug hält in Bohinjska Bistrica, und mit dem Bus geht es dann weiter zum idyllischen See. Wer Zeit genug hat, dem sei der Besuch von Stara Fužina (Althammer) empfohlen. Das Sennenmuseum in diesem aufgelassenen Eisenhüttenort ist recht interessant.

Bienen, Schmieden und die Au des Bischofs

An Radovljica (Radmannsdorf) rast der Tourist üblicherweise achtlos vorbei. Die Hast, rascher als andere an ein Ziel im Süden oder wieder heimzukommen, ist größer als die Lust des Entdeckens. Dabei würde sich der Ausflug nach Radovljica und von hier weiter nach Kropa und über die Berge nach Škofja Loka (Bischoflack) lohnen, weil das Bienenmuseum von Radovljica wirklich schön und interessant ist. Immerhin hat die robuste und fleißige Krainer Biene – im benachbarten Kärnten auch Carnica-Bienen genannt – in dieser Gegend ihren Ursprung. Wer sich an den Fassaden des Stadtkerns genügend erfreut und im »Lectar« fein gespeist hat, der fährt hinauf nach Kropa. Ein Dorf, das der Schmiedekunst Platz und Feste einräumt. Kropa war kein Bergwerksort, sondern eine Ansammlung von Eisen verarbeitenden Betrieben. Nägel wurden hier produziert. Im Schmiedemuseum – es ist im Klinar-Haus untergebracht – lässt sich die 500 Jahre alte Geschichte der Eisenbearbeitung nachvollziehen. Dass hier auch Kinder fest in die Produktion von Nägeln eingebunden waren, mag erschrecken, war aber für den Überlebenskampf der Familien zur damaligen Zeit von existenzieller Bedeutung.

Die Fahrt von Kropa über Železniki entlang des Flusses Selščica erschließt dem Besucher kleine Bergbauerndörfer, eine reizvolle Landschaft, schöne Gärten und kleine Gasthäuser. Bis nach Škofja Loka, Bischoflack: Die »Au des Bischofs« wurde die Gegend rund um die mittelalterliche Stadt genannt. Die Altstadt steht seit den 60er Jahren unter Denkmalschutz. Sie ist nicht nur sehenswert, sondern auch die am besten erhaltene mittelalterliche Stadt Sloweniens. Die meisten Häuser stammen aus dem 16. Jahrhundert. Zuvor hatte ein Erdbeben die Stadt in Schutt und Asche gelegt, lediglich die Stadtmauer war erhalten geblieben. Bischoflack besteht nämlich schon seit 973, als Kaiser Otto III. Bischof Abraham von Freising jene Siedlung samt Umgebung (Au des Bischofs) schenkte. Bis 1803 blieb die Stadt im Besitze der geistlichen Fürsten aus Bayern. Die heute noch bestehenden Patrizierhäuser sind teilweise bemalt und verleihen der Innenstadt noch mehr Schau-Erlebnis.

Von Škofja Loka führt die Straße über Kranj nach Ljubljana, oder man begibt sich wieder abseits der stark frequentierten Verkehrsrouten in Richtung Gorenja vas, Žiri und Idrija. Doch darüber mehr in der nächsten Reise.

Die Steiner Alpen

Die Steiner Alpen, Kamniške Alpe, sind Teil der Karawanken. Ein Gebirgszug, der die natürliche Grenze zu Südösterreich (Kärnten) bildet. Erreichbar über die alte Stadt Kamnik, deren Zentrum ebenfalls ein Besuch wert sein sollte. Von Kamnik aus erschließt sich das Schigebiet auf dem Krvavec, das Almgebiet der Velika planina (mit den eigenartigen Sennhütten) und nicht zuletzt das obere Savinja- und das Logar-Tal.

Letzteres ist Endpunkt der ersten Tour in Slowenien: Ausrasten im Hotel »Plesnik«, Wanderung zu Sloweniens längstem Wasserfall, sanfter Tourismus mit Reiten, Biken, Wandern, Bergsteigen oder nur Sonneliegen. Dann einen Abstecher in eine gute Gostilna im Savinja-Tal, Kraft tanken für weitere Unternehmungen quer durch Slowenien.

Wir besuchen:

Gostilna Pri Žerjavu, Rateče
Domačija Šerc, Podkoren
Penzion Miklič, Kranjska Gora
Gostišče Mayer, Bled
Vila Bled, Bled
Restavracija Topolino, Bled
Gostilna Kunstelj, Radovljica
Gostilna Lectar, Radovljica
Gostišče Kovač, Kropa
Gostišče Premetovc, Škofja Loka
Penzion Raduha, Luče ob Savinji
Hotel Plesnik, Logarska dolina

Gostilna Pri Žerjavu

4283 Rateče–Planica 39
Telefon (04) 587 60 26, Fax 587 60 02,
e-mail: dolhaale@s5.net

Wirtin: Janja Dolhar

Geöffnet: 11–23 Uhr, Montag Ruhetag

Deutsch, Italienisch, Englisch

Mitten in der kleinen Ortschaft Rateče auf dem Weg von Tarvis in Richtung Kranjska Gora liegt dieses bezaubernde Dorfwirtshaus, das sich seit vielen Jahren zum »Speisezimmer« vieler Friulaner und Kärntner gemausert hat. Janja, die fesche Wirtin, spricht die Sprachen ihrer Nachbarn und gerät auch nicht in Verlegenheit, wenn sich aus englischsprachigen Erdteilen Gäste zu ihr verirren. Allerdings ist »verirren« ein falscher Ausdruck, haben doch in dem kleinen Nichtraucherstübchen ihres Gasthauses bereits viele Wintersportler aus der ganzen Welt Platz genommen. Rateče liegt nämlich nahe Planica, dem weltberühmten Schisprung- und Schiflugzentrum. Wer sich da im Laufe der Schisprunggeschichte einen Namen gemacht hat, erkennt der Gast an Autogrammen und Bildern, die die Wände des Lokales zieren. Der Gatte von Janja ist zudem Direktor des Schizirkusses von Kranjska Gora. Wen wundert's, wenn die Schispringer hier gerne einkehren.

Ein paar Tischlein vor dem Haus – wo am großen Dorfplatz das Auto geparkt werden kann – ein schöner Speiseraum, ein Gastraum mit der Theke und das Extrastüberl, das ist das Platzangebot im »Pri Žerjavu« (Kranich).

Die Spezialitäten des Hauses sind die Topfennockerln, das Rosmarinschnitzerl oder die Pilzsuppe. Aber es wird wesentlich mehr geboten: qualitätsvoll, kreativ und genügend groß. Das Preis-Leistungsverhältnis bei Janjas kulinarischen Angeboten kann sich sehen lassen.

Auch die Adria-Küche findet sich mit einigen Speisen im Angebot.

Viele Leute kommen wegen der Backhendeln. Die Hühner kauft Janja bei den Bauern der Umgebung: »Und wir verwenden immer frisches Öl zum Herausbacken«.

WC: klein, sauber, Waschmöglichkeit

Pilzsuppe

500 g Steinpilze, 300 g gekochte Erdäpfel, Salz, Pfeffer, 1 Zwiebel, Rindsuppe, saurer Rahm

Zwiebel anrösten, Pilze kleinschneiden, dünsten und dann die Suppe aufgießen, die Erdäpfel dazu, etwas stampfen, würzen, mit Rahm verfeinern.

Mimoza-Salat

2 Dosen Thunfisch ohne Öl, 8 hart gekochte Eier, 5 dag Butter, 10 dag Emmentaler Käse, 1 Zwiebel

Erst das Eiweiß in eine Salatschüssel reiben. Darüber einen Teil der fein geschnittenen Zwiebel und vom Thunfisch legen. Mit Mayonnaise bestreichen, etwas Käse und Butter darüber legen. Dann von vorne beginnen: wieder Zwiebel, Thunfisch, Mayonnaise, Käse und etwas Butter aufeinander legen und dann das Eigelb darüber reiben. So entstehen zwei Schichten – eine köstliche Vorspeise.

Rosmarinschnitzel

4 Schweinschnitzel, Mehl, 2 Eier, rote Paprika, Rosmarin, Parmesankäse

Die Schnitzel werden gesalzen, gepfeffert und mit Rosmarin bestreut, mit Schinken und Käse belegt. Dann jedes Schnitzel zusammenklappen. Erst in Mehl wenden und dann in der Pariser Panier eintau-

chen. In den Panierteig etwas fein geschnittene rote Paprika und Parmesan mischen. Das panierte Fleisch in heißem Öl herausbacken.

Domačija Šerc

4280 Kranjska Gora, Podkoren 18
Telefon (04) 588 11 80, Fax 885 630

Wirt: *Andrej Sedej*

Geöffnet: 11–23 Uhr, kein Ruhetag während der Saison. April, Oktober und November: Donnerstag Ruhetag, keine Betriebsferien

Andrej hat als Journalist bei einer Autozeitung begonnen, dann war er Mitarbeiter einer Tageszeitung, übersiedelte in ein Ministerium, ehe er sich seiner Wurzeln besann (die Mutter führte in Jesenice ein Wirtshaus) und erst einmal in Kranjska Gora ein Gasthaus pachtete. In dieser Zeit entdeckte er in Podkoren (Unterwurzen) am Fuße des Wurzenpasses ein wunderschönes, aber halb verfallenes Bauernhaus. Er schlug zu, machte die Keusche zu seinem Eigentum und begann in liebevoller Kleinarbeit mit dem originalgetreuen Umbau. »Wir haben uns nie an der touristischen Küche, sondern immer an der regionalen Küche orientiert«, erzählt Andrej, »daher ging das Geschäft auch nicht sehr gut.« Die benachbarten Kärntner zog es hauptsächlich wegen billiger Meeresfrüchte (Calamari) nach Kranjska Gora. Aber Qualität setzt sich doch durch. Also kommen nun schon mehr Gäste in dieses wunderschöne Haus, um Rindszunge, Bären-Prosciutto (medvedov pršut), geräucherte Wurst mit Sasaka und so weiter zu schmausen. Frisches Bärenfleisch kommt immer wieder aus der Gottschee. Und das ganz legal, da durch Überpopulation manchmal Bären zum Abschuss freigegeben werden. Eine weitere Spezialität: Schnecken in Speck gewickelt und gebraten, Maischerln mit Unterwurzen Krapfen – ähnlich den Kasnudeln in Kärnten. Die Weine sind genauso originell und qualitätsvoll wie Ambiente und Küche. Die besten Weine werden offen aus dem Fass ausgeschenkt. Ein besonderer Gag: Wenn sich eine Gruppe im Weinkeller befindet, dann kann jeder aus dem Fass trinken, so viel er will – ein Zähler gibt anschließend Auskunft, wie viel man konsumiert (und zu bezahlen) hat.

Die Köchin des Hauses hat von den Bäuerinnen alte Rezepte übernommen, um sie nicht in Vergessenheit geraten zu lassen. Das ist das Credo des Wirtes: die bäuerliche Küche zu erhalten.

Neben einem Gastraum und der Theke hat der Wirt ein schönes Stüberl, eine Rauchkuchl für kleine Gruppen (dann wird am offenen Feuer gekocht), sowie einen Weinkeller mit Verkostungstisch, einen großen Garten und ein kleines Pizzastüberl in einem Nebengebäude für seine Gäste ausgebaut.

WC: getrennt, sauber

Krainerwurst mit Rotwein

4 St. Krainerwurst, 3 dl Rotwein, etwas Wasser, 2–3 Gewürznelken, 1 Zwiebel, Butter, 2–3 EL Brösel

3 dl Rotwein und ein Glas Wasser zusammengießen und mit Gewürznelken würzen, aufkochen. Eine Zwiebel fein schneiden, zum Wein geben und alles zwei bis drei Minuten kochen. Die Würste 15 Minuten extra köcheln, herausnehmen und in den gekochten Wein legen. In einer Pfanne Brösel anrösten, mit dem Wurstwasser aufgießen (durch ein Sieb). Die Würste auf Teller legen, die Brösel mit dem Wein mischen und über die Würste gießen.

Flusskrebse

8–12 Flusskrebse, Olivenöl, 4 Knoblauchzehen, 2 EL Brösel, Paradeismark, Salz, ⅛ l Weißwein trocken

Zuerst die Krebse in Salzwasser kochen. Dann Olivenöl in einer Pfanne erhitzen, den gepressten Knoblauch und Brösel dazumischen. Mit dem Fond übergießen. Anschließend etwas Paradeismark und das ausgelöste Fleisch der Krebse in diese Soße mischen. Pfeffer, Salz und Weißwein zum Verfeinern beifügen. Mit Reis oder Schwarzbrot servieren.

Hotel Miklič

4280 Kranjska Gora, Vitranška 13
Telefon (04) 588 16 35, Fax 588 16 34
e-mail: gregor.miklic@G-kabel.si

Wirt: Slavko Miklič

Deutsch, Italienisch, Englisch

Geöffnet: täglich 11–23 Uhr

»Ich habe seit sechs Jahren keinen Ruhetag gemacht – außer am Heiligen Abend«, gesteht der Wirt voll Stolz. Der Ehrgeiz brachte ihm auch den Erfolg: Das Restaurant Miklič gehört ohne Zweifel zu den besten in diesem Teil Sloweniens. Im Haus sind nicht nur komfortable Fremdenzimmer, Sauna und Fit-nessräume untergebracht, hier befindet sich auch ein Zahnambulatorium. Was aber in diesem Fall mehr interessiert, ist das Restaurant: architektonisch sehr gut gelöst, elegant eingerichtet, feine Tischkultur und gemütliches Ambiente. Es stimmt alles harmonisch überein. Kein Wunder, ist doch die Familie Miklič in gastronomischen Dingen sehr erfahren und qualitätsbewusst. Die Küche bietet regionale und nationale Gerichte ebenso wie internationale Spezialitäten. Die Steaks des Hauses sind berühmt. Die Knoblauchsuppe im Brottöpferl ist ebenfalls ein Küchenklassiker im »Miklič«. Darüber hinaus bietet die Küche auch Meeres- und Süßwasserfische an.

Die Penzion Miklič ist nicht zu übersehen. Sie befindet sich im Zentrum von Kranjska Gora und ist doch ein Haus, wo rundum Ruhe herrscht. Vor dem Restaurant befinden sich genügend Parkplätze.

WC: getrennt, sehr gepflegt

Pfeffersteak

20 dag Rindsfilet, Salz, grob geschroteter Pfeffer, grüner Pfeffer, Bratenfond, Rotwein, Cognac, Butter, süßer Rahm

Das abgelegene Rindsfilet mit dem Handballen andrücken, salzen und mit geschrotetem Pfeffer bestreuen. Auf heißer Butter beidseitig je nach Geschmack 2–3 Minuten anbraten. Herausnehmen und warm stellen. Grünen Pfeffer, Bratenfond und Cognac in den Bratensatz geben, kurz aufkochen und mit süßem Rahm verfeinern.

Fischplatte

Orade, Branzin, Forelle, Seezunge, frischer Hummer, Scampi, Calamari, Languste, panierte Hummerschwänze, Salz, Pfeffer, Butter

Gewürzte Fische goldbraun auf Butter braten. Dekorativ auf die Platte auflegen und nach Wahl mit Triestiner Soße (Olivenöl, gehackter Knoblauch und Petersilie) übergießen. Als Beilage Erdäpfel und geschnittenen, gekochten Mangold mit Rahm reichen.

Gostišče Mayer

4260 Bled, Želeška 7
Telefon (04) 574 10 58, Fax 576 57 41
e-mail: penzion@mayer-sp.si

Wirte: Dietmar und Tatjana Trseglav

Deutsch, Englisch, Italienisch

Geöffnet: Montag bis Freitag ab 17 Uhr, Samstag, Sonntag ab 12 Uhr

im Winter: Ruhetag auf Anfrage

Herr Mayer war ein reicher Mann. Er stammte aus Graz, finanzierte so manches Tourismusprojekt in Bled und starb kurz nach Ende des Zweiten Weltkrieges in Maribor. In Bled besaß Herr Mayer eine schöne Villa und ein Wirtschaftsgut. Das ist heute ein elegantes und doch rustikales Wirtshaus, das dem Ehepaar Trseglav gehört: junge, sympathische Wirte, die viel investiert haben, um das Haus geschmackvoll herzurichten. Ende April 1995 wurde eröffnet, seither sind Touristen aus aller Welt hier zu Gast gewesen. Auch Staatsmänner durften die Wirtsleute bereits bewirten.

Vieles wird selbst gemacht. Tatjana bäckt etwa Brot selbst. Die Küche bietet Fische, internationale Speisen, slowenische Küche: Buchweizenkrapfen, Schlickkrapfen, Štrukli etc. Außerdem finden sich auf der Speisekarte saisonale Spezialitäten: Spargel, gefüllte Paprika, grüner Naturspargel aus dem Raum zwischen Laibach und Novo mesto. 70 Prozent des Gemüses wächst im eigenen Garten. Alle Speisen werden frisch zubereitet, daher sollte man sich für das Essen etwas Zeit nehmen oder ganz einfach das Menü vorher bestellen. Zum Essen werden etwa 30 Weine aus ganz Slowenien empfohlen.

Im Nebenhaus offerieren die Wirte ein kleines Appartement.

1999 wird ausgebaut: Im ersten Stock entstehen Zimmer. Dann will das Gostišče Mayer bereits 30 Gästebetten anbieten …

Jetzt besitzt das Restaurant 40 Plätze und die Terrasse bietet Platz für nochmals so viele Besucher.

WC: getrennt, sehr sauber

Lachsfilet in Safran-Soße

180 g Lachsfilet, 1 dl Lachssoße, 0,5 dl süßer Rahm, 1 TL Safran, Salz, Pfeffer, Dill

Das Lachsfilet salzen und pfeffern und in Butter braten. Dann mit der Lachssoße und mit Rahm aufgießen. Safran beimengen. Mit Dill, Salz und Pfeffer würzen. Zum Schluss mit Weißwein abschmecken. Den Lachs in dieser Soße etwa vier Minuten ziehen lassen.

Buchweizenkrapfen mit Soße

100 g Buchweizenmehl, etwas Wasser, Salz

Fülle: 250 g Topfen, 2 EL gekochte Hirse, 1 Ei, Salz, Muskat

Buchweizenmehl (in Österreich wird auch Heidenmehl oder Had'n dazu gesagt) und 1 TL Salz in eine Schüssel geben und etwas warmes Wasser dazufügen. Nicht verrühren, sondern warten, bis das Wasser kalt ist, und erst dann alles zu einem großen Knödel verkneten. Diesen mit etwas Öl bepinseln. Den Teig ausrollen und Scheiben mit 10 Zentimeter Durchmesser ausradeln. Etwas Fülle auf eine Seite jedes Teigblattes legen und zusammenklappen. Die Ränder gut andrücken. Diese Krapfen in kochendes Salzwasser geben, Flamme zurücknehmen und 10 bis 12 Minuten ziehen lassen. Mit heißer Butter und Brösel servieren.

Hotel Vila Bled

4260 Bled, C. Svobode 26
Telefon (04) 579 15 00, Fax 574 13 20
e-mail: hotel@vila-bled.com
www.vila-bled.com

Direktor: Janez Fajfar

Kein Ruhetag, Betriebsferien auf Anfrage

Deutsch, Engl., Ital., Französisch

An schönsten Flecken des Sees von Bled liegt diese mächtige Villa, die Marshall Jozip B. Tito als eine seiner Residenzen diente. Ein gediegenes Haus, dessen Zimmer zeitgeschichtliche Anekdoten erzählen könnten. Einmal im Bett des Tito geschlafen haben? Oder in jenem Zimmer, das für Prinz Charles vorgesehen war, oder in dem Breschnew genächtigt hatte? Das gesamte Haus strömt eine Atmosphäre der Bedeutsamkeit aus. Es ist aber kein Museum der jüngeren Zeitgeschichte. Der Betrieb ist Mitglied der internationalen Marketingvereinigung Relais & Chateaux. Das Restaurant bietet dem Haus entsprechend beste Küche.

Wer sich in Ruhe und Abgeschiedenheit zurückziehen und doch nicht auf Luxus verzichten möchte, der ist hier an der richtigen Adresse. Der Golfplatz von Bled ist mit dem Auto in wenigen Minuten erreichbar und Direktor Janez Fajfar und sein Team sind gerne bereit, Ausflüge in Natur, Kunst oder Kulinarik zu organisieren.

Restavracija Topolino

4260 Bled, Lubljanska cesta 26
Telefon und Fax (04) 574 17 81

Wirte: Anita und Zoran Stančič

Geöffnet: 10 bis 23 Uhr, Dienstag Ruhetag, November geschlossen

Deutsch, Englisch

Die Frage, wer nun das beste Restaurant des internationalen Tourismusortes sei, wird jeder Gourmet für sich beantworten müssen. Als Kandidat darf aber das Topolino in Bled auf alle Fälle genannt werden.

Das Restaurant liegt an der Einfahrt von Radovljica kommend und gilt als Geheimtipp der Feinschmecker. Vor allem weil der Wirt selbst mit großem Engagement, Können und Kreativität hinter dem Herd steht und wahre Kunststücke auf die Teller bringt. Natürlich sind es slowenische Spezialitäten mit regionalem Charakter. Doch auch der Meeresküche wegen wird dieses Restaurant gerne besucht. Zwei Räume für insgesamt 50 Gäste und ein Gastgarten, der noch einmal so viele Besucher aufnehmen kann, sind im Topolino auch als top einzustufen. Was die Weinauswahl anlangt, so kann dieses Restaurant beachtliche Kreszenzen aufwarten: von den besten Weinen Sloweniens bis zu internationalen Tröpferln.

WC: sauber

Gostilna Kunstelj

4240 Radovljica, Gorenjska cesta 9
Telefon (04) 531 51 78
e-mail: kunstelj@siol.net

Wirte: Anton und Maja Štiherle

Geöffnet: 11–23, Küche bis 22 Uhr
Donnerstag Ruhetag,
Betriebsferien
2 Wochen im November

Deutsch, Englisch

In der vierten Generation wird dieser alte Gasthof am Eintritt in die Altstadt von Radovljica von der Familie geführt. Jetzt ist Maja am Ruder. Die junge Wirtin ist begeisterte Köchin und pflegt originelle Hausmannskost, der Vater wiederum ist begeisterter Weinfreund und führt seine Gäste gerne in seinen außerordentlich gut bestückten Weinkeller.

Das Wirtshaus strahlt Gemütlichkeit aus, die ein Kachelofen in einem der Stüberln noch verstärkt. Für Familien- und Betriebsfeiern stehen ein großer Saal zur Verfügung.

WC: gepflegt, sauber

Flancati

3 Eigelb, 3 EL Weißwein, 1 TL Zucker, 15–18 dag Mehl, Prise Salz, 1/2 TL Rum

Aus den Zutaten einen festen Teig herstellen. 15 Minuten rasten lassen. Dann den Teig dünn ausrollen und in Vierecke schneiden. Jedes Viereck zweimal zur Mitte einschneiden. Die Teile in der Mitte jedes Vierecks verflechten und in heißem Fett herausbacken. Mit viel Staubzucker bestauben.

Gostilna Lectar

*4240 Radovljica, Linhartov trg
Telefon (04) 537 48 00
Fax 537 48 14
e-mail: info@lectar.com*

Wirt: Lili und Jože Andrejaš

Geöffnet: 11–23 Uhr, Dienstag Ruhetag, nicht im August,

Deutsch, Englisch

Sozusagen am Hauptplatz des mittelalterlichen Städtchens Radovljica liegt dieser kleine Schlemmertempel namens »Lectar«. Das Haus selbst hat 500 Jahre am Buckel. So alt sind etwa auch die Nachbarhäuser. Den Wirtsleuten von heute ist es gelungen, diese uralte Tradition mit moderner Gastronomie zu verbinden. Alte Stuben, mit altem Mobiliar und bäuerlichem Kunst- oder Gebrauchshandwerk an den Wänden. Gleich beim Eingang ein Kämmerchen, in dem einst eine Schneiderei untergebracht war: Die historischen Nähmaschinen (Pfaff), alte Stoffe und Kostüme zeigen die damalige Kunstfertigkeit mit Nadel und Zwirn dieser Gegend auf. Doch nicht die Schneiderei, sondern eine Bäckerei, die sich einst in diesem Haus befand, gab dem Wirtshaus seinen Namen: Hier wurden die schönsten Lebkuchen aus Honigteig hergestellt – Nikoläuse und Herzen (Lectar = Lebzelter) als köstliches Gebäck. Seit dem Jahre 1822 wird Gastwirtschaft betrieben.

Neben einer gemütlichen Gaststube bietet das Wirtshaus auch zwei ebenso heimelige, aber nobel ausgestattete Speiseräume. Auf der überdachten Terrasse kann der Gast erkennen, dass Radovljica auf mehreren Hügel erbaut wurde: ein interessanter Ausblick.

Man bietet Hausmannskost, den bäuerlichen Speiseplan festlicher Tage: gefüllte Kalbsbrust, Bauernschmaus, Pilzsuppe, Kohlrabi mit Nüssen und Kren (Meerrettich) fin-

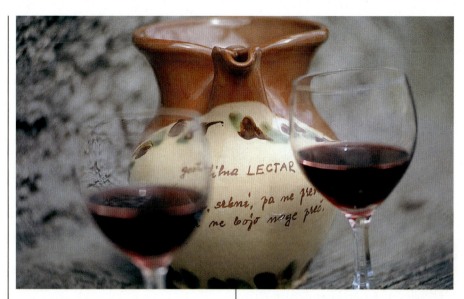

den sich ebenso wie Gerichte aus Had'n (Buchweizen), Germ- und Nudelteig.

Dazu werden erlesene Weine von slowenischen Rieden serviert. Zum Aperitif wird ein Birnenschnaps angeboten. Das Personal ist jung, freundlich, sympathisch und in Trachten der Gegend gewandet. Auch der Wirt ist jung, einfallsreich und ebenso kreativ ist sein Küchenteam. In diesem Haus kommen auch jene Gäste auf ihre Rechnung, die fleischlose Speisen genießen möchten. Diese Gerichte sind in der Speisekarten mit einem Herz gekennzeichnet. Selbstverständlich können auch halbe Portionen bestellt werden.

WC: getrennt, gepflegt, Waschmöglichkeiten vorhanden.

Gefüllte Kalbsbrust

Zutaten: Kalbsbrust, Öl, Lorbeerblatt, Zwiebel; Weißbrot, 5 Eier, etwas Butter, Majoran, Petersil, Salz, Pfeffer

Für die Brotfülle das Weißbrot in Würfel schneiden, mit Salz, Pfeffer, Majoran und Petersilie würzen, die fünf Eier, geröstete Zwiebel und Butter beimengen. Einige Zeit lang rasten lassen. Inzwischen die Kalbsbrust auslösen und säubern, anschließend mit der Fülle belegen und zu einer Roulade einrollen, mit Spagat zusammenbinden, salzen, pfeffern, mit dem Lorbeerblatt und einer ganzen Zwiebel in etwas Öl bei 180 °C ca. 90 Minuten braten.

Topfennudeln (für 6 Personen)

Zutaten: 50 dag weißes Mehl, 7 Eier, 2 Löffel Öl, lauwarmes Wasser, Salz, 1 dl süßer Rahm, 1 kg Topfen, Butter, Brösel

Aus dem Mehl und 2 Eiern, dem Öl und dem lauwarmen Wasser einen Teig rühren und ca. 20 Minuten rasten lassen. Anschließend walzen und ausziehen, mit der Fülle aus Topfen, 5 Eiern und Rahm bestreichen. Das Ganze zusammenrollen und in einem mit Mehl bestreuten Tuch einwickeln. Diesen Strutz ca. 45 Minuten in Salzwasser sieden lassen. Auswickeln, aufschneiden und mit in Butter gerösteten Bröseln bestreuen – Wer es süßer mag, mischt noch Zucker unter die Brösel.

Gostišče Kovač

Kropa 30, Telefon (04) 573 63 20

Wirte: Metod, Blaž, Tine Staroverski

Geöffnet: 11–23 Uhr, Montag Ruhetag

Englisch, etwas Deutsch

Kropa ist ein altes Handwerksdorf, hineingeschmiegt in ein enges Tal, fast eine Schlucht. Uralte Häuser, von denen der Verputz abbröckelt, die aber über und über mit Blumen geschmückt sind. Ein kleiner Durchgang führt zu einem restaurierten und ebenfalls mit Blumen geschmückten Haus. Die Gostilna »Pr Kovač«. Vor dem Haus erwarten den Gast schwere Tische und Bänke – eine Art Garten zwischen Bach, Straße und Gasthaus, aber Auto fährt hier sowieso kaum eines vorbei.

In der Gostilna geben der junge Wirt Blaž und sein Bruder Tine den Ton an. Sie bieten für die Einheimischen das, was sich junge Gasthausbesucher wünschen: Italienisches, Suppen, viel Gemüse. Aber auch typisch regionale Kost wird geboten: Kalbseintopf, Bohnensuppe, Buchweizensterz, Bratwürste mit Sauerkraut oder sauren Rüben, Buchweizenomelette oder Strudel.

Zwei kleine gemütliche Stuben: In der größeren steht ein Kachelofen, der hier für den ohne Zweifel strengen Winter gemütliche, heimelige Atmosphäre verspricht. Es ist ein gu-ter Platz, mit sympathischen Wirtsleuten, einem Kruzifix und uralten Gebetbüchern in einer Nische, einer noch älteren Registrierkasse und irdenen Töpfen – mit Liebe zusammengetragen.

Über eine steile Treppe (unbedingt den Kopf einziehen!) führt der junge Wirt seine Gäste auch gerne in einen kleinen, schmucken Weinkeller. Hier hat er Weine aus ganz Slowenien zusammengetragen – sein ganzer Stolz.

WC: *getrennt, sauber*

Heidensterz, Had'nsterz, Buchweizensterz

70–80 dag Heidenmehl, 2,5 l Wasser, 1 dag Salz, 15 dag Sasaka (Verhacktes) oder Grammelfett

Gesiebtes Mehl in das kochende Salzwasser schütten. Zugedeckt gut durchkochen. Mit dem Stab des Kochlöffels Löcher machen, und langsam eine halbe Stunde ziehen lassen. Dann etwas Wasser abschütten, und alles gut durchrühren. Wenn der Sterz zu trocken ist, noch etwas Kochwasser dazuschütten. Etwas Fett dazugeben, dann lässt sich der Sterz besser umrühren. Sterz mit Kochlöffel und Gabel in eine Schüssel geben und etwas auflockern, anschließend zehn Minuten stehen lassen. Mit heißem Sasaka oder Grammelfett übergießen.

Kalbseintopf

Rezept für 10 Personen:

1,4 kg Kalbfleisch mit Knochen (eventuell Brust), 2,5 l Wasser oder Rindsuppe, 30 dag Wurzelgemüse, 10 dag Öl, 8 dag Mehl, 15 dag Zwiebel, 3 Knoblauchzehen, Pfefferkörner zerdrückt, Salz, Zitronenschale, Lorbeerblatt, Majoran, Thymian, Zitronensaft, Weißwein, Kräuteressig

Kalbfleisch mit den Knochen in Stücke hacken und schneiden. Mit Wasser oder Suppe zusetzen, in Scheiben oder Streifen geschnittenes Wurzelgemüse beigeben. Langsam zum Kochen bringen. Auf Öl das Mehl leicht anrösten, fein geschnittene Zwiebel mitrösten, gehackten Knoblauch dazugeben und mit kaltem Wasser aufgießen. Glatt rühren und kurz durchkochen. In die Kalbfleischsuppe einrühren, würzen (alle Gewürze fein hacken) und 15 Minuten kochen. Zum Schluss mit Zitronensaft, Essig und Weißwein abrunden.

Gostišče Premetovc

4220 Škofja Loka, Log 15
Telefon (04) 518 60 00, Fax 510 96 00
e-mail: premetovc@siol.net

Wirte: Vladimir Ahlin, Andrea Peters

Ruhetag: Montag, Betriebsferien Ende Juli, Anfang August

Deutsch, Englisch, Französisch, Italienisch

Großes und freudiges Erstaunen: ein wunderschönes Wirtshaus, das sich hier in dem kleinen Ort Log an der Straße durch das Poljanščica-Tal dem Gast anbietet. Von Škofja Loka sind es etwa 9 Kilometer, vom Zentrum Laibachs 40 Autominuten in dieses Erlebnishaus. Seit 1820 ist es im Besitze der Familie Ahlin, die ihrerseits die Wurzeln in Schweden beheimatet sieht. Die Legende sagt, der erste Besitzer wäre ein »schlauer Fuchs« (premetovc) gewesen. Die Eigentümer von heute sind Gastronomen mit internationaler Erfahrung. Die Wirtin stammt aus Deutschland. Sie hat in noblen Häusern gearbeitet und in einem solchen in der Schweiz ihren Gatten kennen gelernt.

Das Gasthaus – es beherbergt auch zwei komfortable Suiten – hat das Ehepaar mit viel Aufwand und Mühe zu einem Schmuckstück um- und ausgebaut: gleich beim Eintreten eine urige Bierstube, die Rudolfsstube (nach dem Vater des Wirtes benannt), dann eine Gaststube mit einem großen, grünen Kachelofen und schließlich der luftige, sonnendurchflutete Wintergarten, der den Blick zum Fluss und hinein in den Wald zulässt. Ein elegantes Haus mit einer hervorragenden Küche, die auf qualitätvolle Grundprodukte besonderen Wert legt. Sie ist regional, aber auch international – wie es der Gästeklientel entspricht. Die Weinauswahl ist perfekt, und wenn es besonders gut gemundet hat, sollte man den Wirt um einen Hausschnaps bitten: entweder die Hausmedizin (ein Wacholder von besonderer Güte) oder den Slivovitz des Vaters, den der Wirt erst unlängst im Keller, versteckt hinter einer Mauer, entdeckt hatte. Der Schnaps hat den Jahrgang 1982 und schmeckt formidabel.

WC: sauberst, elegant

Erdäpfelsuppe

Für 6 Portionen: 500 g Erdäpfel, Salz, Lorbeerblatt, Thymian, 50 g Schweinefett oder -schmalz (oder Butter), 30 g Mehl, 1 EL gehackte Zwiebel, 2 Knoblauchzehen, Weinessig, 1 dl Crème fraîche

Die Erdäpfel schälen, kleinwürfelig schneiden und in einen Kochtopf geben. Mit 1,5 l Wasser auffüllen, mit Lorbeerblatt, Thymian und Salz würzen. Alles weich kochen lassen. In einem seperaten Topf Schweinefett heiß werden lassen und darin Mehl goldgelb anschwitzen. Die Zwiebel und den gepressten Knoblauch dazugeben und mit dem Erdäpfelwasser aufgießen. 15 Minuten kochen lassen. Dann erst die Erdäpfelstücke dazugeben. Mit etwas Essig abschmecken und der Crème fraîche verfeinern.

Birnen in Rotwein »Die Glocken von St. Volbenk«

6 Portionen: 6 Birnen, 2 dl Portwein, 4,5 dl Rotwein, 90g Zucker, 3 Zimtstangen. Zum Anrichten: Vanilleeis, geschlagener Süßrahm

Birnen schälen, halbieren und entkernen. Den Port- und den Rotwein mit dem Zucker und den Zimtstangen zum Kochen bringen. Die Birnen hinzugeben und alles zusammen zehn Minuten kochen lassen. Dann die Birnen aus dem Fond nehmen und diesen einkochen lassen, bis die Soße eindickt. Birnen und Soße abkühlen lassen.

Anrichten: 2 Birnenhälften, die scheibenförmig angeschnitten sind und trotzdem am Ansatz noch zusammenhalten, glockenförmig auf den Teller legen. Daneben die Soße anrichten und mit einer Kugel Vanilleeis sowie geschlagenem Süßrahm dekorieren.

Übrigens: St. Volbenk ist die Kirche am gegenüberliegenden Hang, oberhalb des Gasthofes Premetovc.

Penzion Raduha

3334 Luče ob Savinji 67
Telefon (03) 838 40 00
Fax 584 41 11, www.raduha.com
e-mail: fija@siol.net

Wirtin: Martina Breznik

Geöffnet: 12–22 Uhr, Montag, Dienstag Ruhetag

Deutsch

Slow Food-Restaurant

Auf dem Weg in das obere Savinja-Tal in den Steiner Alpen muss unbedingt in dem kleinen Dorf Luče Halt gemacht werden. Einerseits wegen der Idylle, noch mehr aber wegen der hervorragenden Küche in der Penzion Raduha. Martina, die Wirtin, und ihre Mutter haben dieses Wirtshaus – es besteht seit 1936 – zu einem gemütlichen Schlemmertempel gestaltet. Das Haus lässt von außen kaum jene Atmosphäre erahnen, die es von innen bietet. Vor allem im Stüberl, dort wo der große Kachelofen steht, kann man es sich in jeder Hinsicht gut gehen lassen. Alte Tische und Bänke, gestickte, alte Tischdecken, ein gepflegtes Ambiente. Vor dem Haus lädt ein schöner Gastgarten auf zwei Terrassen ein.

Dann kommt das Essen. Die Wirtin lässt die alten Spezialitäten des Tales aufleben: Schnecken in pikanter Soße, der Savinja-Magen (eine geräucherte Schinkenwurst), Had'nstrudel (Had'n = Buchweizen). »Wir kochen je nach Saison die frischesten Produkte«, erzählt die Wirtin: Wild, Pilze, Forellen. Was der Garten an Ernte hergibt, wird ebenfalls in der Küche zu Köstlichkeiten verarbeitet. Auch das Brot ist hausgemacht: ein dunkles Brot in Laibform und ein helles, das etwas salziger schmeckt. Beide Brotsorten sind ein Gedicht. Wegen der Sonntagsmenüs zieht es viele Ausflügler hierher. Daher wird Tischreservierung unbedingt empfohlen. Was die Weinauswahl

anlangt, kann man nur sagen: »Hut ab!« Die besten Tröpferln des Landes kann Martina ihren Gästen anbieten.

Von Luče aus führt der Weg in das Logar-Tal, ein geeignetes Gelände zum Wandern, Bergsteigen oder einfach nur zum Genießen dieser herrlichen Natur. Wer bleiben will, dem werden in der Pension auch Zimmer angeboten (27 Betten). Sie sind alle sehr sauber. Jedes Zimmer ist mit Dusche und WC ausgestattet. Auch Halbpension ist möglich.

Was in dieser Gegend verblüfft: In der schönen Gartenanlage findet sich nicht nur ein Kinderspielplatz sondern auch ein Beach-Volleyballplatz.

WC: getrennt, sauber

Štrukli aus Buchweizen

Für 10 Personen:
Teig: 50 dag Heidenmehl (Buchweizen), Wasser
Fülle: 250 g Nüsse, ⅓ l saurer Rahm, 2 Eier

Heidenmehl und Wasser zu einem Teig verarbeiten. Eine Stunde rasten lassen. Für die Fülle die geriebenen Nüsse, den Rahm und die Eier mischen. Dann den Teig ausrollen und mit der Fülle bestreichen. Den Teig in eine Serviette oder in ein Geschirrtuch rollen und in Salzwasser kochen.

Weißer Strudel

600 g Mehl, Wasser, 1 kg Topfen, ⅓ l Rahm, 2 Eier

Aus Mehl und Wasser einen Teig kneten. Rasten lassen und dann wie bei einem Apfelstrudelteig ausziehen. Aus dem Topfen, dem Rahm und den Eiern eine Fülle mischen und diese auf den Teig streichen, in ein Tuch rollen und in Salzwasser kochen.

Käsesoße

Gorgonzola, Sauerrahm, etwas Whiskey oder Cognac

Käse und Rahm in einem Topf langsam schmelzen. Mit etwas Whiskey oder Cognac abschmecken. Achtung, das Ganze kann bei zu großer Hitze sofort anbrennen!

Hotel Plesnik

3335 Solčava, Logarska Dolina 10
Telefon und Fax: (03) 846 110
Eigentümer: Martina Plesnik,
Küchenchef: Primož Plesnik
Ganzjährig geöffnet

Es gibt immer wieder Orte oder Gegenden, die beim ersten Besuch ein angenehmes Erstaunen hervorrufen. Das Logar-Tal im Herzen der Savinjske Alpe (Steiner Alpen) an der Grenze zu Kärnten ist ein solcher Ort. Ein Hochtal, im Norden und Süden von bewaldeten Bergketten, im Westen von den schroffen Felswänden der Steiner Alpen begrenzt. Am Beginn dieses Tales steht das Hotel Plesnik. Eleganz, Gemütlichkeit und Komfort dieses Hauses lassen den Besucher ein zweites Mal in freudiges Erstaunen ausbrechen. Es ist ein Landgasthof mit 32 Zimmern – natürlich bestens ausgestattet, mit Hallenschwimmbad, Sauna, Solarium, Whirlpool, Massagemöglichkeiten und so weiter. Ein Restaurant mit Bier- und Bauernstube, mit einem heimeligen, aber nicht überladenen Speisesaal und mit einer sonnenüberfluteten Terrasse. Der Gast wird hier umsorgt, sympathisch, nicht aufdringlich. Wer sich auf die faule Haut legen möchte – bitte schön, wen stört das? Wer aber auf Aktivitäten großen Wert legt, der darf sich beraten lassen: Vom Mountainbiken über Paragleiten, Reiten, Klettern bis zu Ski-Langlaufen, Eislaufen oder Hundeschlittenfahrten im Winter ist hier alles möglich.

Dass bei soviel Aktivität der Appetit nicht auf der Strecke bleiben muss, dafür sorgt in diesem Familienbetrieb eine ausgezeichnete Küche. Alleine die Auswahl am Salatbuffet ist enorm. Gekocht wird die regionale, bodenständige Küche mit Ausflügen durch das ganze Land. Wobei an internationalem Flair nicht vorbeiproduziert wird.

Das Vier-Sterne-Hotel wird von einer charmanten Dame geführt, die die deutsche Sprache so gut beherrscht, als wäre sie damit aufgewachsen.

WC-Restaurant: dem Komfort des Hauses angepasst

Forelle nach »Logar-Art«

Forelle, Mais-Mehl, Salz, Öl zum Backen

Die Forelle putzen, waschen, salzen und danach im Mais-Mehl rollen und im heißen Öl braten, bis die

Maiskruste schön gelb wird. Den Fisch auf eine ovale Platte legen und mit einer Soße aus klein geschnittenem Knoblauch, Petersilie und heißem Öl übergießen. Mit Salzerdäpfeln und Schnittlauch als Beilage servieren.

Kletzennudeln »Žlinkrofi«
(Knödel mit gedörrten Birnen gefüllt)

Für fünf Personen:
Teig: 10 dag Mehl, ein Ei, 1 bis 2 Löffel Wasser
Fülle: getrocknete Birnen, Brösel, Zucker

Zuerst den Teig mischen, kneten und rasten lassen. Die Birnen fein faschieren und mit Brösel sowie etwas Zucker gut mischen. Kleine Kugeln formen.

Den Teig ausrollen und mit Eiweiß bestreichen. Dann die Birnenkugeln in Abständen nebeneinander auf eine Seite des Teiges setzen. Mit der zweiten Hälfte die Fülle bedecken, die Ränder gut zusammendrücken und diese Knödeln dann ausradeln. Die Žlinkrofi im heißen Wasser 10 bis 15 Minuten köcheln lassen.

Weitere Empfehlungen:

Restaurant Avsenik »Pri Jožovcu«
64275 Begunje 21
Geöffnet: 10–23 Uhr

Slavko Avsenik hat Musikgeschichte geschrieben. Der längst schon in Pension befindliche Musiker hat den Oberkrainer Sound erfunden und in Mitteleuropa ganze Generationen von Musikern und Freunden volkstümlicher Musik mitgerissen. Slavko Avsenik und seine Original Oberkrainer – wo diese Gruppe auftrat, gab es volle Häuser.

Ein Avsenik-Spross hat nun in der Heimatgemeinde Begunje – wo auch der Schiproduzent Elan ein Werk besitzt – das Gasthaus »Pri Jožovcu« zum Restaurant Avsenik umbenannt. Es ist nicht nur ein Ausflugsgasthaus geworden, sondern auch ein Treffpunkt für Musiker. Im überdachten Garten ist eine fixe Bühne installiert, wo immer wieder zünftig aufgespielt wird. In einem Nebengebäude befindet sich auch eine Avsenik-Galerie.

Penzion Rožič
4265 Bohinjsko jezero, Ribčev laz 42
Geöffnet: täglich 7–24 Uhr

Einst war das Rožič ein Geheimtipp am Wocheiner See. Längst schon hat die Wirtefamilie mit viel Fleiß und Ehrgeiz kräftigst erweitert. So stehen in der Pension über 50 Gästebetten zur Verfügung. Kein Wunder, ist doch der Wocheiner See ein Fremdenverkehrsgebiet erster Güte (was Sommerfrische anlangt). Gekocht wird aber nach wie vor ausgezeichnet, vor allem regionale Speisen aus Oberkrain oder Gorenjska, wie dieser Landstrich bezeichnet wird. So sind im Herbst die Wildgerichte eine weitere Anfahrtsstrecke wert (Fasan in Rahmsoße beispielsweise). Im Frühjahr und Frühsommer steht viel Fisch auf dem Speiseplan – Süßwasserfische aus den Flüssen, Seen und Bächen der Gegend.

Gostilna Golf Klub Bled
4260 Bled, Cesta svobode 12
Telefon (04) 531 80 01
Geöffnet: 9–23 Uhr. Geschlossen vom 5. Jänner bis Anfang März

Auf der Strecke zwischen Lesce und Bled ist rechter Hand der Straße der bekannteste Golfplatz Sloweniens. Dass sich in Bled nicht nur ein nobles Golf-Hotel, sondern auch ein Restaurant im Golf-Klub etabliert hat, versteht sich von selbst. In dieser Gostilna wird gut aufgekocht – nicht nur für die Golfspieler! Die Küche ist slowenisch und international. Hier wird gerne nach französischer Art gekocht. Mit Pasteten, feinen Soßen, mit bestem Fleisch und Pilzen. Einige der Speisen sind Golfbegriffen nachempfunden: »Hole in one« ist ein Putenfilet – einzigartig. Zum guten Essen werden ebensolche Weine aus dem ganzen Land empfohlen. Eine Nachspeisenempfehlung? Salzburger Nockerln …

Vila Bela
4205 Preddvor, Srednja Bela 1
Telefon (04) 255 91 00, Fax 255 91 05
www.vila-bella.com
e-mail: mirko.bodiroza@siol.net

Geöffnet: 11–24 Uhr, Sonntag 11–20 Uhr, Montag Ruhetag

Die Vila Bela war unter den ersten Restaurants in Slowenien, die mit Slow Food begonnen haben. Sie ist nicht schwer zu finden: Von Kranj in Richtung Seebergsattel (Grenze zu Österreich in den Karawanken) bis zur Ortschaft Preddvor fahren. Im Ort Richtung Srednja Bela abzweigen. Bald danach findet man schon dieses sehr elegante, traditionsreiche Restaurant. Die Vila Bela ist für tolle Speisen bekannt. Laibacher und Krainer fahren gerne hierher, um Meeresfische zu essen oder aber auch regionale Spezialitäten zu verkosten. Wochentags wird ein Slow-Food-Menü angeboten. Die Einrichtung des Hauses ist klassisch, nobel und doch nicht übertrieben. Service und Wirtsleute sind freundlich.

Von den Alpen bis zum Karst:

Cave del Predil – das Soča-Tal – Bovec – Kobarid – Most na Soči – Idrija – Postojna

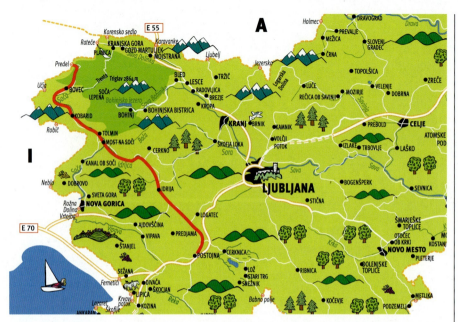

Das Soča- und das Trenta-Tal stehen bei Sportlern hoch im Kurs: Klettern in den Bergstöcken der Julier – vor allem im Triglav-Nationalpark – Paddeln und Raften auf der Soča, Bergwandern, Radfahren, Mountainbiken, Fischen und im Winter Schifahren in Bovec sowie Eisklettern auf vereisten Wasserfällen.

Der Fluss Soča wird in Italien Isonzo genannt. Ein Name, der geschichtliche Erinnerungen hervorruft. Wo heute fröhlich Urlaub gemacht wird, starben zwischen 1915 und 1917 tausende junge Soldaten: Zwölf Schlachten lieferten sich die Truppen der österreichisch-ungarischen Monarchie mit den Italienern am Isonzo. Im Oktober 1917 gelang es den österreichischen Truppen von Kobarid (Karfreit, Caporetto) aus, die italienischen Linien zu durchbrechen und die Italiener bis an die Piave zurückzudrängen. Was letztendlich der Monarchie doch nur die Niederlage brachte.

Ein Museum in Kobarid erinnert an diese furchtbare Schlacht. Die Zusammenstellung und Präsentation ist so gelungen, dass dieses Museum eine Europaauszeichnung erhielt.

Zwei Täler, ein gemeinsames Ziel

Bovec (Flitsch, Plezzo) ist jene Stadt, in der das Koritnica-Tal und das obere Soča-Tal, auch Trenta genannt, zusammentreffen – unser erstes Ziel. Ausgangspunkt unserer Reise ist aber Kranjska Gora. Von hier führt eine Straße über den Vršič-Pass in das Trenta-Tal. 50 Kehren – was für ein Hochgenuss für Motorradfahrer! Dass die Straße von russischen Kriegsgefangenen im Ersten Weltkrieg als Nachschublinie für die Isonzo-Front errichtet wurde, sei hier nicht unerwähnt. Die Ruska kapelica erinnert noch daran. Das Trenta-Tal ist ein Hochtal, in dem die Zeit stehen geblieben zu sein scheint. Übrigens: Käse aus dem Trenta-Tal ist eine begehrte, leider viel zu seltene Köstlichkeit. Einige Sennereien gibt es aber noch.

Die zweite Möglichkeit, um von Kranjska Gora nach Bovec zu gelangen, ist der Abstecher über Italien: bei Rateče in Richtung Tarvisio und dann über den Predilpass wieder nach Slowenien fahren. Über den Abstecher auf den Mangart habe ich bereits geschrieben. Wir fahren aber jetzt hinunter nach Bovec, dem Sommer- und Winterfremdenverkehrsort. Kajakfahrer nehmen ihn als Ausgangspunkt ihrer Wildwasserfahrten durch die Stromschnellen der Soča. Aus ganz Europa kommen die Wildwasserfans und schwören, die Soča sei das schönste und atemberaubendste Wildwasser der Alpen.

Die Fischer haben oft keine Freu-

de mit Kajaks oder Raftingbooten. Sie fürchten um ihre Forellen, denn jene aus der Soča und Idrija sollen die besten Europas sein – meinen die Fischer.

Die Forellen mit dem Marmorkleid

Fragen Sie in einem der vielen Gasthäuser entlang der Soča oder der Idrijca (dieser Fluss entspringt in den Bergen bei Idrija und mündet bei Most na Soči nahe Tolmin in die Soča) nach einer marmorierten Forelle. Sie werden nur ablehnendes Kopfschütteln ernten. Nein, die gebe es nur privat, bei Fischern. Sie ist zu kostbar. Legenden ranken sich um den Fisch der Fische: Bis zu einem halben Meter lang kann die sogenannte Soča-Forelle werden. Ihr Fleisch ist so zart und wohlschmeckend, dass man gerne mit jedem anderen Fisch der Welt tauschen würde. Nur, wer hat sie wirklich schon gegessen? Daher ist Fischen in der Soča und Idrijca eine erlebnisreiche Sache. Und nicht billig, das sei auch gesagt. Zwei Arten von Soča-Forellen gibt es: den Typ Zadlaščica und den Typ Idrijca. Erstere, berühmtere und seltenere, hat eine graubraune Marmorierung, die auf einer grauweißen Grundlage vom Rücken unter der Seitenlinie bis zum Bauch verläuft. Der Kopf, vor allem unter den Augen, und die Kiemendeckel sind metallblau. Das Marmormuster ist groß und breit. Die Marmorierung des Kopfes ist vom Rest des Körpers durch ein V-Muster getrennt.

Die Idrijca ist die kleinere Forelle. Sie hat einen roten Fleck auf der Fettflosse und rote Punkte und Flecken die gesamte Seitenlinie entlang. Die Marmorierung geht in braungraue Farbtöne über.

Die Quecksilbermine Idrija und die Adelsberger Grotte

Irgendwie ist das ungerecht: Kaum erreichen die Ausflügler Kobarid, zweigen sie schon ab in Richtung italienische Grenze und Cividale, vielleicht fährt man noch über Tolmin (Tolmein) weiter nach Nova Gorica – doch das ist es auch schon. Kaum jemand verirrt sich in das Tal der Idrija, das landschaftlich, kulinarisch, wirtschaftlich und volkskundlich doch so viel zu bieten hat.

Nahe bei Tolmin liegt der Ort Most na Soči. Dort ist die Soča zu einem schönen See aufgestaut. Und mit dem Ausflugsboot kann nach Kanal ob Soči gefahren werden – in eine Schlucht, die recht eigenartige und märchenhafte Gesteinsformen und Höhlen zeigt. Sie sind nur vom Wasser aus einzusehen. Most na Soči bietet dem Touristen auch etliche gute Gaststätten.

Von Tolmin, wie gesagt, führt die Straße in das Idrijca-Tal und die Stadt Idrija. Einst befand sich hier eine der größten Quecksilberminen Europas. Im Museum der Stadt, es ist im Gewerkenhaus, einem burgähnlichen Gebäude, untergebracht, präsentiert sich die jahrhundertelange Geschichte des Bergbaues bis zu seiner Schließung Ende der 70er Jahre.

Idrija ist bis heute ein wichtiger Industriestandort Sloweniens geblieben – auch ohne Bergbau.

Die Stadt und ihre Umgebung ist außerdem ein Zentrum der Klöppelkunst. In einigen Geschäften der Innenstadt werden geklöppelte Decken, Tücher etc. zum Verkauf angeboten. Heute noch beherrschen etliche Frauen dieses traditionelle Kunsthandwerk. Im Museum sind zudem die schönsten und prächtigsten Stücke ausgestellt.

Rund um Idrija wird Jagd betrieben, es wird gefischt, und in den Dörfern auf den Bergen gibt es immer wieder guten Käse in Bauernhäusern zu kaufen. Ganz in der Nähe ist auch ein slowenisches Naturdenkmal zu bestaunen: Divje jezero, der wilde See – eine malerisch schöne Karstquelle.

Schon im Idrijca-Tal zeigt sich ganz deutlich der Übergang von den Alpen in den Karst, noch schöner zu sehen ist das etliche Kilometer weiter in Postojna. Hier befindet sich die weltberühmte Adelsberger Grotte, die größte und schönste Tropfsteinhöhle Europas. Gleich drei riesige Höhlen bilden ein bizarres, unterirdisches Höhlensystem: Pivka jama, Črna jama und Planinska jama sowie die Postojnska jama, die Adelsberger Grotte.

Seit 1819 ist ein Teil dieser Höhlen für Touristen geöffnet. Als 1857 die Eisenbahnlinie Laibach–Triest fertig gestellt war, erlebte die Grotte ihren ersten großen Besucheransturm. 1874 wurde die Höhle bereits elektrisch beleuchtet (!) und seit 1918 führt eine Schmalspurbahn durch das Höhlensystem. Seit damals haben an die 28 Millionen Menschen die Adelsberger Grotte besucht. 23 Kilometer des Höhlensystems sind erforscht. Aber nur etwa 10 Prozent davon sind für Touristen »geöffnet«.

Wir besuchen:

Gostilna Polonka, Kobarid
Restavracija Kotlar, Kobarid
Hotel Hvala, Kobarid
Restavracija Franko, Staro selo
Gostilna Breza, Kobarid
Gostisce Jazbec, Kobarid
Gostilna Skrt, Most na Soči
Hotel Kendov Dvorec, Spodnja Idrija

Gostilna Polonka

5222 Kobarid, Telefon siehe »Kotlar«

Wirte: Lilijana Gašparin und Robert Kavčič

Deutsch, Italienisch

*Geöffnet: ab 12 Uhr, Dienstag, Mittwoch geschlossen.
Jeweils letzte Woche im Jänner und Juni Betriebsferien*

Dieses Wirtshaus soll das Gegenstück zum nobleren Restaurant »Kotlar« sein. Die »Kotlar«-Wirtsleute haben die alte, traditionsreiche Stube recht nett und vor allem gemütlich hergerichtet. Nur die Küche ist supermodern.
Das wird auch benötigt, denn im »Polonka« wird groß aufgekocht. Und zwar typische Kost aus dem Soča-Tal: Strudel, Wild, Fleisch, Forellen.

Sehr häufig kommt es vor, dass Gäste aus dem »Kotlar« zum gemütlichen Beisammensein in das »Polonka« wechseln und dort das überaus gute Weinangebot goutieren.

Wenn vor dem »Polonka« ein mehr als 30 Jahre altes Motorrad steht, so ist dies ein Willkommensgruß an die Biker, die ja gerne durch das Soča-Tal reisen. Der Wirt sammelt nämlich alte Motorräder und will sie einmal in einem eigenen Raum ausstellen.

WC: neu, getrennt, sauber

Karfreitstrudel

*1 kg Weizenmehl glatt, Salzwasser, wenig Öl
Fülle: 250 g Walnüsse, 250 g Rosinen, 250 g Brösel, 100 g Zucker, 1 dl Süßrahm, Zimt, Nelken, Zitronenschale, Butter zum Abschmalzen*

Mehl mit dem kochenden Salzwasser (ca. ½ l) überbrühen, dann Öl dazugeben und den Teig kneten. Auskühlen lassen. Eine Rolle formen und gleichmäßig dicke Scheiben davon abschneiden. Mit der Hand plattdrücken und dann die Fülle in die Mitte der Teigblätter setzen. Der Teig wird über die Fülle zusammengeschlagen und die Ränder festgedrückt. In Salzwasser köcheln, bis sie schwimmen. Mit Butterbrösel, Kristallzucker und Zimt bestreuen und servieren.

Die Fülle: Nüsse mahlen, Rosinen, Brösel, Zucker nach Geschmack, Gewürze und Süßrahm mischen. Daraus kleine Kugeln formen, die auf den Teig gesetzt werden.

Restavracija Kotlar

*5222 Kobarid, Trg svobode 11
Telefon (05) 389 11 10, Fax 389 11 12*

Wirte: Lilijana Gašparin und Robert Kavčič

Deutsch, Italienisch

Mitglied von Slow Food

Geöffnet: ab 12 Uhr, Mittwoch Ruhetag (gegen Voranmeldung für größere oder kleinere Gruppen wird auch dann geöffnet).

Das Kotlar gehört zu den traditionsreichen Gaststätten des kleinen Städtchens Kobarid – deutsch Karfreit genannt. Ein modernes, gemütliches Restaurant in einem uralten, sehr schön restaurierten Haus direkt am Hauptplatz des Ortes. Im Inneren dominiert eine Barke – ein altes Schiff – den großen Gastraum. Das Boot ist Theke und Zentrum des Lokales, das im Wesentlichen aus eben diesem großen Raum besteht. Trotzdem kommt man sich als Gast nicht

wie in einem »Speisesaal« vor. Die Wirtsleute haben durch Dekoration den Raum geschickt mit Atmosphäre und Ambiente ausgestattet. Für kleinere Gruppen steht zudem ein Extrastüberl zur Verfügung. Die Wirtefamilie ist jetzt fünf Jahre im »Kotlar« und führt auf der anderen Straßenseite ein zweites Restaurant. Dort ist das Motto: regional, bodenständig (siehe »Polonka«).

Das kulinarische Angebot im »Kotlar« selbst kann sich sehen lassen: Flusskrebse, aber auch Meeresfrüchte und Adriafische. Weil hier, so wie die Fischspezialitäten, alles in bester Qualität und sehr kreativ gekocht wird, kommen die Gäste aus dem Ausland. Kein Wunder, dass das Publikum im »Kotlar« international ist. Viele Italiener, Österreicher, Deutsche, Engländer, Franzosen und Belgier kehren hier ein. Sie schätzen nicht nur die Küche, sondern auch die Weinauswahl, die ebenfalls beachtlich ist.

WC: getrennt, sehr gepflegt

Branzino in der Salzkruste

1 kg Branzino, 2 kg Meeressalz grobkörnig

Den Branzino nicht am Bauch aufschneiden, sondern zwischen Kopf und Körper unter den Kiemen öffnen und ausnehmen. Den Fisch auf etwa ein Kilo Salz legen, mit dem restlichen Salz bedecken und dann im Rohr bei 200 Grad braten. Dauer: etwa 10 bis 12 Minuten. Herausnehmen, das Salz aufschlagen, servieren.

Meeresrisotto

2 EL Öl, 2–3 Paradeiser, ¼ l Weißwein, Fischsuppe oder Fischfond, 4 Moccatassen Reis, Petersilie

Petersilie, Öl, Paradeiser und Weißwein heiß werden lassen, verschiedene Muscheln wie Cozze, Datteri, Scampi, Seezunge, Calamari mitschmoren lassen, bis sich die Muscheln öffnen, und dann Reis dazugeben. Mischen, und dann nach und nach Fischsuppe oder Fischfond dazugeben. Bis der Reis al dente ist, kurz ziehen lassen und servieren.

Hotel Hvala, Restaurant Topli val

5222 Kobarid, Trg svobode 1
Telefon (05) 389 93 00, Fax 388 53 22
www.topli-val-sp.si, topli.val@siol.net
Wirte: Cvetka und Vladimir Hvala
Italienisch, Deutsch, Englisch
Geöffnet: täglich 12–24 Uhr

Das Hotel und Restaurant »Topli val« im Zentrum von Kobarid zählt zu den besten Adressen im Soča-Tal: Sowohl als Hotel mit komfortablen Zimmern als auch als Restaurant mit verfeinerter Kulinarik, mit vollendeter Gastlichkeit und mit Engagement der jungen Wirte und Mitarbeiter.

In der Mitte der reizenden Ortschaft Kobarid gelegen, hat sich das Restaurant als Fischrestaurant einen internationalen Namen gemacht: Fische aus Flüssen und Bächen, Fische und Meeresfrüchte aus der Adria. Da findet sich viel im kreativen Speisenangebot: Nudeln mit Pilzen oder Trüffeln, Nockerln mit Rucola, Wild, Fleisch, der berühmte Kobarider Strudel (das Topli val hat diese Spezialität der Großmütter als erstes Wirtshaus wieder zum Leben erweckt).

Spezialität des Hauses ist aber der Flusskrebs, der mit weißer Polenta und Busara zu einem himmelhochjauchzenden Genuss gekocht wird. Dass zu gutem Essen auch die richtigen Weine serviert werden müssen, ist hier nicht nur bekannt, die Weinauswahl kann als beeindruckend bezeichnet werden.

WC: Dem Stil des Hauses entsprechend absolut top.

Carpaccio vom Branzin (Barsch)

1 Branzin von 450 g, Rucola, Kräutersalz, 2 Orangen, 2 Zitronen, Pfeffer, Olivenöl, 100 g Parmesan

Den Fisch waschen und vom Rücken her so einschneiden, dass die Haut am Fleisch bleibt. Dann mit einem scharfen Messer in dünne Scheiben schneiden.

Auf die Teller den Rucola legen, marinieren und die Barschscheiben auflegen.

Salzen, mit dem Saft der Orangen und Zitronen sowie mit Olivenöl beträufeln. Mit frisch gemahlenem Pfeffer würzen. Dazu Parmesan grob darüberreiben und mit einem Zitronenstück servieren.

Flusskrebse in Busara mit weißer Polenta

800 g Flusskrebse, 2 EL Öl, Butter, 100 g Zwiebel, Knoblauch, Petersilie, 300 g geschälte Paradeiser, Peperoncini-Öl, Salz, Pfeffer, 2 dl Rotwein, 1 Lorbeerblatt, 200 g weißes Polentamehl, ¾ l Salzwasser.

In Olivenöl und Butter eine fein geschnittene Zwiebel goldgelb rösten. Die Flusskrebse, die Petersilie, eine Knoblauchzehe, 5 Tropfen Peperoncini-Öl und die geschälten Paradeiser dazugeben. Salzen, pfeffern. Das Lorbeerblatt beimengen und mit dem Rotwein aufgießen. Einige Minuten köcheln lassen. Daneben die weiße Polenta kochen.

Anrichten: Auf die Teller kleine Häufchen Polenta geben, die Flusskrebse darübergeben und mit der Soße (Busara) übergießen.

Hiša Franko

5222 Kobarid, Staro selo 1
Telefon (05) 389 41 20, Fax 389 41 29
Wirt: Valter Kramar

Italienisch, Deutsch, Englisch
Geöffnet: ganzjährig, Montag, Dienstag Ruhetag, im Juli und August nur Montag
Mitglied von Slow Food

Von Kobarid in Richtung italienische Grenze liegt rechts von der Staatsstraße in Staro selo das wunderschöne Anwesen der Familie Kramar. »Franko« – ein Restaurant, das sowohl in Slowenien als auch in Friaul und Kärnten einen großen Ruf genießt. »Unser höchstes Kompliment dem Chef«, haben italienische Gäste auf ein Blatt Papier gekritzelt, unterschrieben und an die Wand neben die Eingangstüre geklebt.

Wirt Franko hat schon längst seinem Sohn Valter das Zepter in die Hand gedrückt. Und der junge Mann kann etwas. Was Franko aufgebaut hat, führt der Sohn mit eigenen Ideen und viel Talent erfolgreich weiter. Es ist ausgebaut worden, die Küche verfeinert und internationalisiert (aber mit slowenisch-mediterranem Einschlag). Es überwiegen die frischen Angebote der Saison. Zeitweise offeriert Franko auch Fische, je nachdem ob er sie fangfrisch erhält. Brot und Teigwaren für Paste werden im Haus produziert. Darauf ist Franko besonders stolz. Auch die Weine sind durchwegs von den besten Produzenten Sloweniens. Das Service durch den Chef und seinen Sohn ist nicht nur kompetent, sondern auch perfekt. Die Serviererin strahlt Freundlichkeit und Sympathie aus. Dass sie zudem auch noch bildhübsch ist, rundet das Vergnügen, hier Gast sein zu dürfen, noch ab.

25 Jahre ist das wunderschöne Haus nun bereits im Besitz von Franko, der eine alte Fattoria zu dem umgebaut hat, was es jetzt darstellt: Gemütlichkeit, Eleganz. Im Nebengebäude wurden Fremdenzimmer errichtet – alle bestens ausgestattet mit WC und Bad. Im Erdgeschoss dieses Hauses führt die Tochter ein kleines Geschäft mit Modeschmuck aus Halbedelsteinen und Kunsthandwerk.

Im Restaurant findet der Gast neben der Gaststube auch einen einfachen, aber doch nett wirkenden Speiseraum. Insgesamt haben 50 bis 60 Personen im Haus Platz.

Im Sommer sitzt man natürlich lieber auf der Terrasse. Das Auto kann einstweilen unter Schatten spendenden Bäumen parken.

WC: getrennt, sauber

Topfennockerln

1 kg Topfen, 200 g Mehl, 2 Eier, Salz und Pfeffer

Alles gut mischen und mit dem Kochlöffel Nockerln ausstechen, in Salzwasser köcheln, bis sie oben schwimmen. In einem eigenen Topf Butter anschwitzen, fein gehacktes Zwiebelkraut hineinschneiden, mit etwas Rindsuppe aufgießen und darin die Nockerln kurz wälzen.

Dieses Gericht ist etwas Typisches in dieser gebirgigen Gegend. Hier wird Topfen und Käse gemacht – in höchster Qualität.

Hirsch mit Polenta

400 g geputztes Hirschfilet, Butter, Salz, Pfeffer, ¼ l Rotwein, etwas Rindsuppe, Preiselbeermarmelade

Hirschfilet stark anbraten, ganz kurz. Salzen und pfeffern. Das Fleisch sollte eine braune Kruste bekommen. In einem Topf 4 Löffel Butter anschwitzen, ¼ l Rotwein aufkochen lassen, mit ein wenig Rindsuppe ablöschen. Zum Ende Preiselbeeren der Soße beigeben und abschmecken. Dann das Fleisch in dünne Filets schneiden und in die Soße legen. Mit Polenta servieren.

Gostilna Breza

5222 Kobarid, Via Muceniska 17
Telefon (05) 388 56 54
Geöffnet: 11–22 Uhr, Donnerstag Ruhetag, November 1 W. geschlossen
Wirtin: Sonja Frančiška

Klein, fein und Wohnzimmeratmosphäre – das ist das Dreimäderlhaus „Breza". Mutter Sonja Frančiška und ihre sympathischen Zwillinge Nina und Monika führen dieses gastliche Haus einen Steinwurf vom Zentrum Kobarids entfernt. Seit 1997 besteht dieses Restaurant, das sich auf slowenische Küche „Land und Meer" spezialisiert hat. Vor allem Flussfische werden im „Breza" hervorragend zubereitet. Rund 50 Gäste haben in dem sehr hohen und luftigen Raum Platz. Ein Kachelofen ist der bevorzugte Platz der Hauskatze. Der Ofen gibt dem ohnehin schon schönen Raum noch mehr Behaglichkeit. Das Weinangebot ist beachtenswert, großer Parkplatz vor dem Haus, ein Gastgarten mit Blick in die Berge rundet das Bild ab.

WC: sauberst

Gostišče Jazbec

5222 Kobarid, Idrsko
Telefon (05) 388 53 85
Wirte: Bastjan und Roman Jazbec
Geöffnet 11–23 Uhr, Ruhetage Montag, Dienstag (außer Sommer)
Deutsch, Englisch, Italienisch

Auf dem Weg von Kobarid nach Tolmin liegt in der Ortschaft Idrsko der große Gasthof der Brüder Jazbec. Herzhafte, regionale Küche mit adriatischem Einschlag sind das Markenzeichen des Hauses. Es wird aber auch Pizza angeboten. In diesem Haus verkehren sehr viele junge Menschen. Die einen kommen mit den Motorrädern, andere sind dem Sport – vom Paragleiten, über Wildwasserpaddeln bis zum Bergsteigen – verbunden. Im Gasthof sind sehr schöne, große Zimmer, im Keller eine kleine Bar, die abends immer wieder zu einer Disco oder einer Live-Musik-Veranstaltung umfunktioniert wird. Dieser Raum wird auch für private Feiern oder Feste in Anspruch genommen. Vor dem Haus eine kleine Sitzterrasse – mit Traumblick auf den Monte Nero - hinter dem Haus ein großer Parkplatz. Das Wirtshaus liegt direkt an der Straße und kann nicht verfehlt werden.

WC: sehr gepflegt

Gostilna Skrt

5220 Tolmin, Most na Soči 62
Telefon (05) 387 025
Wirt: Rajko Skrt
Deutsch, Italienisch
Geöffnet: bis 22 Uhr, Dienstag Ruhetag

Das Gasthaus Skrt war früher einmal ein »Pilgerzentrum« für Liebhaber köstlicher Forellen. Manchesmal gab es beim »Skrt« nämlich auch die berühmte Soča-Forelle, jene »marmorierte« Forelle, deren Fleisch so einzigartig mundet. Das gehört leider der Vergangenheit an, denn die Soča-Forelle wird nicht kommerziell gefischt. Das Gasthaus Skrt, mitten im kleinen Ort Most na Soči, erhält seine Forellen aus einer Zucht (mit Soča-Wasser). Die Forellen sind nach wie vor hervorragend, doch der Zahn der Zeit ist an diesem Lokal nicht spurlos vorübergegangen. Während viele andere Wirte pompös – manche mit Geschmack, andere grauenhaft üppig – erweitert oder umgebaut haben, ist im »Skrt« alles gleich geblieben, was andererseits das Lokal sogar schon wieder originell macht. Der Wirt erzählt in bestem Deutsch die über hundert Jahre alte Geschichte des Hauses und dass die gebratenen Forellen schon immer seine Spezialität waren. Eben wegen dieser Forellen zahlt es sich aus, das Wirtshaus der Familie Skrt zu besuchen.

Nebenbei sind im Herbst und Winter auch die Wildspezialitäten bei den Gästen sehr gefragt.

Forelle à la Skrt

Forellen, 1 Bd. Petersilie, 2–3 EL Knoblauchzehen, Salz, Pfeffer

Die Forellen beim »Skrt« werden zwischen Kopf und Kiemen ausgenommen. Das erfordert einiges Geschick, denn dabei wird der Bauch nicht aufgeschnitten. Dann wird das Fleisch innen mit Knoblauch bestreut. Außen salzen, etwas pfeffern und stark mit klein geschnittenem Knoblauch und fein gehackter Petersilie bestreuen. In etwas Öl und Butter braten. Petersilerdäpfel sind die beste Beilage dazu.

Hotel Kendov dvorec

5281 Spodnja Idrija
Telefon (05) 372 51 00
Fax 375 64 75

www.kendov-dvorec.com
e-mail: kendov-dvorexc@s5.net

Mitglied der Gruppe »Schlosshotels, Herrenhäuser«

Wirtin: Ivi Svetlik

Englisch

Ganzjährig geöffnet als Hotel und Restaurant

Ivi Svetlik, die charmante, kreative und feinsinnige Directrice des »Kendov dvorec« (Kendovs Herrenhaus) strahlte über das ganze Gesicht, als wir kamen: »Heute Abend haben wir jene Jury zu Gast, die unser Haus zu einem der schönsten Restaurants des Landes küren soll«. Ja, ja, hinter den Bergen kann sich so mancher Schatz verbergen. Das wissen wir seit Grimms Märchen. In Idrija, dem einstigen Quecksilber-Bergwerksort, wird das Märchen wahr. Ein prachtvolles Herrenhaus, ein gepflegter, blumenreicher Garten und dann diese Ruhe! All das in einer Umgebung, die auf derartige Erhabenheit wohl kaum schließen lässt. Der Ort im tief eingeschnittenen Tal der Innerkrain (Notranjska genannt) hatte allerdings einmal Weltruf: als sich hier die zweitgrößte Quecksilbermine Europas befand.

An diese erinnern nur mehr das gewaltige Gewerkenhaus und ein sehenswertes Bergbaumuseum (für ein Führung sollte man sich zwei Stunden Zeit nehmen). Außerdem gibt es noch den Industriebetrieb »Rotomatika«, ein Werk, das ebenfalls auf Weltruhm verweisen kann. Fachleute, Manager und Einkäufer aus der ganzen Welt geben sich hier ein Stelldichein. Weil die Besitzer des Werkes ihre Gäste nicht standesgemäß unterbringen konnten, erwarben sie das Kenda-Herrenhaus, das in seiner Geschichte bis ins Jahr 1377 zurückblicken kann.

Ivi, die Chefin, brachte mit einem Team von jungen Fachleuten viel Seele, Charme und Wohlbehagen in

das Haus. Ein Restaurant der besonderen Klasse – auch was die Ausstattung anlangt. Elf Zimmer, die alle mit originalen Stilmöbeln eingerichtet sind, machen das Herrenhaus zu einer Nobelabsteige der besonderen Art. Alles passt hier wunderbar zusammen – vom Eintreten bis zur Verabschiedung. Ein Haus aus einem Guss, aber welch einer!

Das Restaurant bietet regionale Küche, die Weine gehören zu den besten des Landes, das Ambiente und Raumangebot reicht auch für Firmenfeiern, Familienfeste oder herrliche Zusammenkünfte mit Freunden. Für mich eine der ersten Adressen des Landes!

WC: *nobel wie das Haus*

Schlickkrapfen

Teig: Mehl, Eier, Öl und Wasser
Fülle: Erdäpfel, Sasaka (Verhacktes), Zwiebel, Majoran, Schnittlauch, Pfeffer, Salz

Einen relativ weichen Teig aus den genannten Zutaten rühren. Im Kühlschrank mindestens eine Stunde ruhen lassen.

Währenddessen Erdäpfel kochen, schälen, pressen. Zwiebel auf Sasaka anrösten, würzen und mit den Erdäpfeln mischen. Kleine Kügelchen formen.

Den Teig ausrollen. Auf eine Seite des Teiges die Kügelchen setzen und die andere Seite des Teiges darüber legen. Die Ränder gut anpressen und ausradeln. In Salzwasser kochen bis die Schlickkrapfen an der Wasseroberfläche schwimmen. Dann mit heißer Butter servieren.

Zlatovščica-Suppe

1 Forelle (aus der Soča), 20 dag Erdäpfel, Fischfond, ⅛ l süßer Rahm, Rosmarin, Petersilie, Pfeffer, Salz

Forelle putzen, Filets schneiden, entgräten. Aus Gräten, Abschnitten und Flossen einen Fond kochen.
Geschälte Erdäpfel kochen, einen Teil davon pressen, den anderen Teil in Würfel schneiden. Beides zusammen mit dem ungleichmäßig geschnittenen Forellenfleisch in den Topf geben, Fischfond und Wasser dazugießen. Dann Rahm, Rosmarin, Petersilie und Pfeffer beimengen und aufkochen.
Einige Minuten köcheln lassen, abschmecken.

Weitere Empfehlungen:
Gostišče Mangrt

5230 Bovec, Log pod Mangartom
Telefon (05) 386 024

Im Sommer und zur Wanderzeit täglich geöffnet

Auf der Straße vom Predil-Pass nach Bovec liegt dieser recht gemütliche Gasthof. Er ist Stützpunkt und Treffpunkt für Kletterer, Bergsteiger und Biker. Einerseits, weil hier die Übernachtungsmöglichkeiten (Zimmer und Appartements) vorhanden sind, andererseits, weil eine sehr regionale, deftige, aber hervorragende Küche kultiviert wird.
Wild, Schafskäse, Topfen, Polenta, Jägerbraten – die Speisekarte ist recht umfangreich und wird jeweils den Angeboten der Saison angepasst.
Vom Gasthaus Mangrt ist es nicht weit zur Mautstraße in Richtung Mangart und zu verschiedensten Klettersteigen in den Julischen Alpen. Auch Canyoning und Paragliden ist in der Nähe möglich.

Die Goriška Brda und das Vipava-Tal

Tolmin – Dobrovo – Medana – Nova Gorica – Šempeter – Dornberk – Ajdovščina – Vipava

Vor Jahren besuchte ich im Collio in Friaul-Julisch Venetien den Winzer Stanislao Radikon. Ein Bauer, der hervorragende und in der Zwischenzeit unter Weinfreunden begehrte Weine keltert, Slowenisch und Italienisch als Muttersprachen nennt und in Oslavia daheim ist. Er ging mit mir auf die Straße und zeigte in die gegenüberliegende Hügellandschaft: »Da, schau. Das ist die Goriška Brda, der Collio Sloweniens. Die haben dort die besseren Lagen als wir«. Er hat recht: Der Collio hat sein Zentrum auf slowenischem Territorium, obschon etliche Winzer Sloweniens Weingärten im Nachbarland Italien bearbeiten und besitzen. Der Grund liegt in der Geschichte, in der Grenzziehung nach dem Zweiten Weltkrieg.

Das Weinland der Goriška Brda

Bei Zlatko auf der Terrasse seines Weingutes Belica sitzen und das Treiben im Ort Medana beobachten, gehört zu den schönen Seiten von Freizeit und Urlaub. Auf den großen Holztisch hat Meri, Zlatkos Gattin, getrockneten Hausschinken, Käse und selbst gebackenes Brot gebracht. Zlatko hat eine Flasche seines köstlichen Rebula geöffnet. Mit dem Nachbarn Dušan Kristančič plaudern oder Aleks Klinec, dem Winzer und Organisator von Kunst-Symposien, zuhören. Hektik? Die gibt es nur zur Zeit der Lese, Aufregung und Spannung zur Zeit der Gärung der Weine – sonst aber herrscht Ruhe und Gelassenheit.

In die Goriška Brda gelangt man über mehrere Wege: Von Friaul aus über den Grenzübergang Venco/Neblo nahe Dolegna del Collio. Das ist die kürzeste Strecke. Wer durch das Soča-Tal anreist, fährt über Tolmin, von dort in Richtung Nova Gorica. Oder man kommt direkt über Nova Gorica in das Hügelland.

Bei Plave wird der Fluss überquert. Die Straße führt dann noch über den Vrhovlje-Pass (knapp 400 Meter hoch) direkt in das hügelige Weinland. Die Böden, die teils steilen, teils sanften Hänge, die vielen Sonnenstunden und die fleißigen Menschen bilden die Grundlage für Weine, die bereits Freunde in der ganzen Welt finden. Es sind Weine, die wir von Italien her kennen: Sivi Pinot (Pinot grigio), Beli Pinot (Pinot bianco), Laški rizling (Welschriesling) Chardonnay, Rebula (Ribolla gialla), Tokaj (Tocai), Sauvignon, Renski rizling (Rheinriesling), Traminec (Traminer), Pikolit und bei den Rotweinen der Refošk (Refosco), Merlot, Cabernet Sauvignon, Cabernet franc und teilweise Barbera. Die Größen der einzelnen Betriebe liegen bei rund sechs Hektar. Immer mehr Winzer haben in den vergangenen Jahren viel in die Kellertechnik investiert: Temperaturgesteu-

erte Gärung in Stahltanks, Ausbau verschiedener Weine in Barriques. Rotweine werden oft auch in großen Holzfässern gereift.

Die Goriška Brda ist aber auch das Land der Kirschen (mit einem großen Fest im Frühsommer in Dobrovo und Medana) und der Pfirsiche. Nirgendwo habe ich saftigere und wohlschmeckendere Pfirsiche gegessen als hier.

Zentrum der Brda ist Dobrovo mit einem mächtigen Renaissance-Schloss, das von weitum sichtbar ist. Im Schloss befindet sich eine Gemäldeausstellung des berühmten Künstlers Zoran Mušic. Die Burg wurde zu Beginn des 17. Jahrhunderts gebaut. Der Weinkeller ist noch in seinem Originalzustand. Dort ist auch eine Weinzisterne aus dem 19. Jahrhundert zu bewundern – errichtet von einer bekannten österreichischen Firma aus Klosterneuburg.

Über Neblo kann man auch nach Friaul ausreisen. Ein Grenzübergang bei Medana ist für Touristen jedoch nicht geöffnet. Dieser Grenzübertritt steht nur für den so genannten kleinen Grenzverkehr zur Verfügung.

Wer Winzer besuchen möchte, der tut sich in Medana leicht: Dort weisen nämlich Hinweisschilder zu den Weinhöfen. In Dobrovo ist nichts angeschrieben. Mein Tipp: Den Winzer vorher anrufen und genau nach dem Weg fragen.

Besonders reizvoll ist auch der Ort Šmartno – das Dorf liegt auf der Spitze eines Hügels (wie Medana), und ein Spaziergang durch die engen Gässchen ist ein Genuss für die Seele.

Manche Bauern produzieren Schinken nach Karst-, San-Daniele- oder Parma-Art. Sie werden eingebeizt und luftgetrocknet. Manche Sorten werden erst ganz leicht geräuchert und dann getrocknet. Das milde Klima und die gute, würzige Luft geben dem Schinken einen herrlichen Geschmack. Der Schinken wird aber nur in den Bauernhöfen (Agriturismo) zur Jause gereicht. Zum Mit-nach-Hause-Nehmen kann man ihn auch für viel Geld nicht erwerben. In der Goriška Brda gibt es etliche Bauernhöfe und Buschenschenken, in denen nicht nur Wein, sondern auch gutes Essen aufgetischt wird. Alles hausgemacht!

Nova Gorica und das Vipava-Tal

Von Dobrovo führt die Straße über Šmartno, Kojsko und Hum nach Nova Gorica, in jene Stadt, die durch eine Staatsgrenze in zwei Teile geteilt wurde: auf italienischer Seite Gorizia (Görz), auf slowenischer Seite Nova Gorica genannt. Die Kulturdenkmäler (wie das Kastell der Grafen von Görz) sind auf der italienischen Seite zu besichtigen. Im slowenischen Teil der Stadt ist lediglich das Franziskanerkloster Kostanjevica sowie Burg Kromberk, ein Bau aus der Renaissance, von Bedeutung. Im Kloster ist vor allem die Bibliothek sehr interessant. In ihr liegen tausende Werke aus der Zeit vom 16. bis ins 19. Jahrhundert. Im Kloster befindet sich auch das Grab von Karl X., dem letzten Bourbonenkönig. Er ist 1836 im Görzer Exil gestorben.

Nova Gorica, knapp 15.000 Einwohner, hat industrielle Bedeutung und ist für die Italiener so eine Art »Las Vegas«: Gleich zwei große Spielcasinos (Park und Perla) locken Tausende aus dem Nachbarland an, wo ja bekanntlich Casinos dieser Art verboten sind. Außerdem ist Shopping in der Stadt nicht uninteressant.

Nova Gorica ist für uns jedoch Ausgangspunkt für Fahrten in den Karst oder in das Vipava-Tal.

Im Herbst und Winter kann die Fahrt durch das Vipava-Tal recht spannend werden. Wenn nämlich über die steilen Abhänge des Trnovski gozd oder des Nanos-Gebirge die Bora fegt. Auf der Straße warnen Schilder vor der Heftigkeit dieser Winde, und zwei Tafeln zeigen sogar die aktuelle Windgeschwindigkeit an. So kann es schon passieren, dass die Fahrt gestoppt werden muss. Das Vipava-Tal ist ein Weinanbaugebiet ersten Ranges. Im Tal ist man besonders stolz auf eine autochthone Weinsorte: den Zelen, einen trockenen Weißwein. Doch auch Rebula oder Merlot gedeihen hier nebst anderen Trauben äußerst gut. In den Städten und Dörfern Ajdovščina, Goče oder Dornberk sowie in Vipava selbst gibt es etliche Winzer, bei denen Weine verkostet und gekauft werden können. Etwa in der Kellerei Vipavski hram, einer großen Kellerei, die aber hervorragende Weine produziert. In einem eigenen Geschäft der Kellerei können diese Kreszenzen erworben werden.

Das Vipava-Tal ist Ausgangspunkt für Ausflüge in den Karst und an die Küste der Adria.

Wir besuchen:

Weingut und Bauernhof Belica, Medana
Weingut Dušan Kristančič, Medana
Weingut Klinec, Medana
Weingut Marjan Simčič, Medana
Gostilna Bužinel, Medana
Weingut Movia, Aleks Kristančič, Ceglo
Weingut und Bauernhof Ščurek, Plešivo
Weingut Anton Mavrič, Šlovrenc
Weingut Constantini, Plesivo
Weingut Simčič, Vipolže
Sektkellerei Bjana, Goriška
Restaurant-Hotel Park, Nova Gorica
Restauracija Pikol, Rožna Dolina, Nova Gorica
Gostilna Žeja, Ozeljan, Vipava-Tal
Gostišče Dvorec Zemono, Vipava
Weingut Tilia, Vipava-Tal

Belica

5212 Dobrovo, Medana 32
Telefon und Fax (05) 304 21 04

Wirt und Winzer: Zlatko und Meri Mavrič

Geöffnet: ganztägig, aber nur auf Vorbestellung

Italienisch

Dass Medana einer der schönsten Weinplätze des Landes ist, muss hier nicht noch einmal erwähnt werden. Ein lohnendes Platzerl bieten auch Zlatko und Meri ihren Gästen an: einen sehenswerten Agriturismo-Betrieb, also einen Bauernhof, auf dem auch Gäste öffentlich bewirtet werden können – mitten im Ortszentrum, wenige Schritte von der Kirche entfernt, in unmittelbarer Nachbarschaft zum Winzer Dušan Kristančič, mit dem das Ehepaar auch gut befreundet ist.

Vom mächtigen Holztisch vor dem Haus aus hat man die unmittelbare Gegend gut im Blickfeld. Dabei isst man Crostini mit einem wunderbaren Käseaufstrich, Paradeiser, Olivenöl und Basilikum. Dazu wird der köstliche Ribolla Gialla, »Rumena Rebula«, des Hauses Belica getrunken. Später dann, zum Essen, tischt der Wirt und Winzer seine anderen Tröpferln auf.

Zlatko ist als Bauer ein Tausendsassa: Er produziert Weine von exzellenter Güte, luftgetrockneten Schinken, für dessen Verzehr man gerne weitere Fahrtstrecken in Kauf nimmt. Allerdings kann dieser Schinken nicht mit nach Hause genommen werden. Er ist für den Verzehr im Bauernhaus bestimmt. Meri und ihre Schwiegermutter sind für das leibliche Wohl ihrer Gäste verantwortlich. Ihre Küche ist einfach und doch kreativ, vor allem aber sehr gut. Slow food heißt hier die Devise. Zum Schinken wird gerne ein Chardonnay geboten – zu Beginn eines Mahles ist das die richtige Auswahl. Wer nur zum Jausnen kommt, der wird aber ohne Zweifel zu den Rotweinen greifen.

Ich habe auch den Pinot grigio, den Sivi Pinot verkostet: 12,8 Prozent Alkohol beim Jahrgang 1997 – ein großer Wein, ohne Zweifel. Was ingesamt bei Belica gefällt: Die Weine sind klar, sortentypisch, unverfälscht, haben ein sehr markantes Bukett, sie lassen die Fruchtnuancen gut spüren – alles in allem sind das Weine von außerordentlicher Qualität.

Auch die Schnäpse sind von hervorragender Güte: der Grappa (49 %) und der Kirschenlikör.

Zlatko und Mery bauen ihren Bauernhof gewaltig um: Zu einem gemütlichen Gasthof mit rund 30 Gästebetten, einem kleinen Restaurant samt Hubschrauberlandeplatz. Fertigstellung: November 2003.

WC: nicht getrennt, einfach, sauber

Kräuteromlette

Frische Kräuter des Gartens, 4 Eier, Salz, Pfeffer

Erst die Eier in eine Schüssel, gut aufrühren, dann die Kräuter des Gartens (Basilikum, Kerbel, Petersilie, Basilikum, Salbei, Majoran, Thymian etc.) kleinschneiden und beimengen, gut umrühren. In einer Pfanne etwas Butter oder Öl heiß werden lassen. Den Teig dünn einfließen lassen und herausbacken.

In Weinessig gebratener Schinken

16 Scheiben luftgetrockneter Karreeschinken, Butter, Weinessig, weiße Polenta

Erst Butter in einer Pfanne heiß werden lassen. Die Schinkenscheiben (etwas dicker) hineinlegen,

ganz kurz anbraten lassen, umdrehen und dann sofort mit Weinessig (nur höchste Qualitäten, aber kein Balsamico) aufgießen und mit weißen Polentascheiben servieren.

Kristančič

5212 Dobrovo, Medana 29
Telefon (05) 395 95 33, Fax 395 95 34

Winzer: Dušan Kristančič

Italienisch

Mitglied der »Ars vini«

Geöffnet: nach Vereinbarung

Kristančič ist ein Familienbetrieb in der zweiten Generation. Der Vater hat die Weine noch offen verkauft, sein Sohn ist dann auf Flaschenweine umgestiegen. Das Firmenzeichen ist ein großer, aufgeplusterter Pfau, dessen Federn in allen Farben schillern. 1990 wurde der Pfau als Logo der Marke ausgewählt.

Die Familie Kristančič nennt ein wunderschönes Haus mitten in Medana ihr eigen. Es ist ein Stein-Ziegelhaus, in dem ein kleines, sehr nettes Appartement vermietet wird.

In der Weinproduktion ist der Winzer ein Qualitätsfanatiker. Gekostet habe ich den Beli Pinot, den Weißen Pinot. Der 1997er ist der erste Pinot bianco, der im Hause Kristančič gekeltert wurde, und ich gratuliere dazu.

50 Hektar groß ist das Weinland dieser Winzerfamilie, einige Weingärten liegen im nahen Collio, in Friaul-Julisch Venetien. Ständig wird verbessert, ausgebaut: nicht nur im Weinkeller, sondern auch in den Weingärten. Das Mikroklima und die sanften Hügel (von 60 bis 150 Meter Seehöhe) schaffen gemeinsam mit dem Boden eine geradezu ideale Voraussetzung für die Produktion hervorragender Weine. Die Weißweine werden in den »unteren« Regionen angebaut, die Rotweine wie Merlot oder Cabernet liegen höher, haben mehr Sonne und erhalten damit die Stärke, die sie benötigen. Auch die Rebula-Reben liegen höher. Der Pinot grigio (Sivi Pinot) kommt zu 50 Prozent aus dem Anbaugebiet in Italien und zu 50 Prozent aus Weingärten in Slowenien. In das Ausland will der Winzer auch verstärkt seine Kreszenzen exportieren. So gibt es bereits in München eine Vinothek, die mit Kristančič-Weinen bestückt ist.

Vom Chardonnay werden von 10.000 Rebstöcken nur 9000 Liter Wein produziert, was als Beispiel für Qualitätsarbeit dient. Der Sauvignon – nach französischer Art – kann als absolut gelungen bezeichnet werden. Er zeigt auch die Qualität des Winzers: Es ist ihm geglückt, einen nuancenreichen Sauvignon zu keltern, der das, was er in der Nase verspricht, auch am Gaumen hält. Geradezu eine Offenbarung sind die Rotweine des Hauses. Der Pinot noir wird sechs Monate im Barrique ausgebaut. Der Cabernet ist eine Mischung aus Cabernet franc und Cabernet Sauvignon, großartig.

Für einen Besuch und zum Einkauf von Weinen ist das Haus Kristančič zu den normalen Bürozeiten immer geöffnet. Gruppen melden sich am besten an. Für Weinverkostungen, – zu denen Käse und Brot gereicht wird, verlangen die Winzer einen kleinen Unkostenbeitrag. Ich empfehle, dies vorher telefonisch festzulegen.

Klinec

5212 Dobrovo, Medana 20
Telefon (05) 304 50 82
Winzer: Konrad und Aleks Klinec
Italienisch, Englisch
Geöffnet: ganztägig, aber Voranmeldung nötig

»Sie haben das größte Herz für Kunst und Künstler«, sagen alle in Medana. Im Hause der Winzerfamilie Klinec finden daher immer wieder Künstlersymposien statt. Aleks, der Winzer, hat selbst einen kunstsinnigen, poetischen Charakter. Im Keller des großzügig zu einer bezaubernden Osteria ausgebauten Hauses befindet sich ein großer Verkostungsraum, der mehrmals im Jahr zu einem Treffpunkt von Literaten und Dichtern aus der ganzen Welt umfunktioniert wird. Im Keller lagern Aleks und sein Bruder – beide sind als Winzer in diesem Betrieb tätig – alte Jahrgänge und große Flaschen mit Grappe. In letzteren sind verschiedene Früchte und Kräuter eingelagert.

Eine Köstlichkeit jagt hier die andere.

Die Weine selbst sind großartig. Ausgebaut in großen Holzfässern. Aleks, der von seinem Vater Konrad den Weinbau übernommen hat, will nämlich nicht nach französischer Art keltern, sondern Traditionen fortsetzen. »Wir haben hier unsere Eigenheiten, das sind aber auch die Stärken unseres Weines«, sagt er. Und er hat Recht, was seine Weine auch unmissverständlich beweisen.

Das rote Cuvée „Quela" wird im Barrique von Kirschholz ausgebaut. Andere, kräftige Weißweine werden nach der Stahltankgärung in Hölzer aus Akazie oder Maulbeerholz gelegt. Die Philosophie dahinter: In der Brda wächst keine Eiche, also wollen die Klinecs ihre Weine in heimischem Holz reifen lassen.

Den ersten Flaschenwein hat Aleks 1995 abgefüllt. Vorher wurde der Wein offen, in 50-Liter-Flaschen, verkauft.

Der Pinot grigio, der Sivi Pinot, ist nicht nur von der Farbe, sondern auch vom Geschmack her von großer Persönlichkeit. Ähnlich verhält es sich mit dem Chardonnay, Sauvignon, Tokaj, Cabernet Sauvignon, Cabernet franc und Merlot. Besonders gut auch die autochthonen Sorten wir Rebula und Verduzzo (Verduc). Auch Picolit, jene Süßweinrebe aus Friaul, wird von der Familie Klinec angebaut.

Mit dem Chardonnay war der Winzer Klinec der erste, der bei der Weinmesse in Ljubljana eine Goldmedaille errang. Der Chardonnay hat seitdem keinen Deut an Qualität und Güte verloren. Aleks selbst nennt den Verduzzo (Verduc) als seinen besten Wein. Er ist trocken ausgebaut und schmeckt herrlich. Übrigens ist Klinec der einzige Winzer in Medana, der einen Verduzzo produziert.

Simčič

5212 Dobrovo, Medana, Ceglo 3b
Winzer: Marjan Simčič
Italienisch, Englisch
Mitglied der »Ars vini«
Geöffnet: täglich gegen Voranmeldung

Marjan Simčič habe ich erstmals auf der Weinmesse in Laibach kennen gelernt. Ein junger, fescher Bursche, durchgestylt, schwarzes, halblanges Haar, blaue Augen blitzen aus seinem eher dunklen Teint. In Ceglo bei Medana in der Goriška Brda haben wir ihn dann auf seinem im Ausbau befindlichen Gut besucht.

Über 100 Jahre ist das Weingut Simčič schon alt, und seit 50 Jahren auf dem derzeitigen Standort zu finden. Früher wurden die Weine in Fässern nach Venedig und in das Veneto geliefert. Nach dem Krieg und mit dem Beginn der Republik Slowenien wurde das Weingut auf den heutigen Stand gebracht. Viel investierte man in die Technik und in das neue Haus, Marjan brachte aber auch neue Ideen durch seine Ausbildung mit in den Weinbaubetrieb. Ein besonderes Mikroklima begünstigt das Wachstum der Trauben. »Es ist wie in einem Topf«, erzählt Marjan, »wir haben am Fuße der Hügel, in denen unsere Weingärten liegen, um zwei bis drei Grad andere Temperaturen, als heroben.« Direkt unter dem Haus verläuft auch die Grenze zu Italien. Als Mitglied der Ars Vini ist Qualität das oberste Motto. Auf 10 Hektar Anbaufläche werden 70 Prozent Weißweine gekeltert. Marjan war auf der ganzen Welt unterwegs, um sich die Weinbaugebiete und die Weinbautechnik anderer

Winzer anzusehen. Er ist überzeugt: der Boden, das Klima, die Tradition in der Goriška Brda sind Vorzüge für den Anbau von Weißweinen. »Wir haben hier international gesehen ein großartiges Weißweingebiet, und daran sollten wir festhalten.« Dennoch finden sich unter dem Reigen der tollen Weine aus seinem Haus auch hervorragende Rotweine.

Simčič pflegt die traditionelle, klassische Ausbaulinie im temperaturgesteuerten Stahltank und eine in Barrique, wo die so genannten »Riserva« produziert werden. Darunter auch der »Matias«, ein Cuvée aus Ribolla gialla, Moscata gialla – aber dies ist nicht jedes Jahr gleich – ausgebaut in Fässern aus Akazienholz. Die anderen Barriques sind aus französischer Eiche zusammengesetzt.

Im neuen Barrique-Keller gab mir Marjan einen Süßwein aus dem Holzfass zum Verkosten. Die Weißweintrauben mehrerer Sorten wurden sorgfältig gelesen, auf luftigen Terrassen getrocknet (wobei die Trauben mehrmals Stück für Stück gewendet wurden) und dann mit einer uralten Presse vorsichtig gepresst: einer der schönsten Prädikatsweine, die ich kenne. Marjan ist stolz auf den Wein, der noch etwa ein Jahr im Fass reifen muss und den er seinem Sohn widmen will, der 1998 geboren wurde. »Kein Wein für den Verkauf, sondern für den besonderen Anlass in der Familie, mit guten Freunden und ebensolchen Kunden.« Als Vorbild galt ihm der Sauternes »Château d'Yquem«.

Gostilna Bužinel

5212 Dobrovo, Medana 16
Telefon (05) 304 50 82

Wirt: Elvis Bužinel

Italienisch

Geöffnet 11–23 Uhr
im Sommer bis 1 Uhr,
Donnerstag Ruhetag

Das Wirtshaus der Familie Bužinel ist das einzige im Weinort Medana. Es liegt direkt neben der Kirche, ist also nicht zu verfehlen und kann am Kirchplatz über genügend Parkplätze verfügen.

Die Familie keltert selbst ausgezeichnete Weine und dennoch sind im Gasthaus auch die Tröpferln zahlreicher anderer Winzer des Dorfes erhältlich.

Gekocht wird heimisch, bodenständig. Viel Hausgemachtes wird angeboten: Haussalami, luftgetrockneter Schinken, Speck und Brot.

Und weil an klaren Tagen von der Spitze Medanas aus das Meer zu sehen ist, darf die adriatische Küche im „Bužinel" nicht fehlen. Viele Gäste kommen überhaupt wegen der Fischküche in dieses Restaurant.

Es ist einfach und doch gemütlich eingerichtet.

WC: sauber

Movia

5212 Dobrovo, Ceglo 18
Telefon und Fax: (05) 159 510
E-mail: movia@guest.neticom.si
Winzer: Mirko und Aleš Kristančič
Englisch, Italienisch, Französisch
Mitglied der »Ars vini«
Geöffnet: nach Vereinbarung

»Movia«, das ist Klang in den Ohren eines Weinliebhabers. Das schwarz-goldene Etikett zeigt Eleganz, Klasse und Erhabenheit: Was verbirgt sich in jeder Flasche? Nun, es ist einmal die Erfahrung von Generationen, es ist internationales Know-how, es ist die »Sucht« der Winzer nach ständiger Verbesserung, das Streben, Jahr für Jahr die Qualitäten zu steigern. Wo »Movia« draufsteht, handelt es sich meist um einen Wein von außergewöhnlicher Größe. Ob in Slowenien selbst, oder im benachbarten Italien, Österreich oder Deutschland. Bei der Erwähnung der Marke »Movia« wird der Experte automatisch »der beste Wein Sloweniens« sagen. Ob es stimmt, hat jeder Weinfreund für sich selbst zu entscheiden. Tatsache ist jedoch, dass die Familie Kristančič in Slowenien ein Wegbereiter für Qualitätsweine geworden ist. Tatsache ist auch, dass die Lehrjahre des jungen Winzers Aleš im Ausland – vor allem in Frankreich – sich ganz ordentlich auf die Großartigkeit der Weine auswirken. Alle Movia-Weine werden im Barrique ausgebaut.

Eine zweite Linie, die sich »Vila Marija« nennt, wird klassisch im Stahltank vergoren und reift in der Flasche. Es sind dies Weine aus anderen Weinbergen – »von jungen Rebstöcken«, erzählt Aleš.

Sein Vater hat das Weingut aufgebaut. Ein großer Teil der Weingärten liegt im italienischen Teil des Collio, und die Familie Kristančič hatte immer schon das Recht, hüben und drüben der Winzertätigkeit nachzukommen. Das schuf natürlich Erfahrungsvorteile. Seinerzeit hatte das Weingut »Kristančič« geheißen. Obschon der alte Hausname seit 1820 »Movia« lautete. Aber irgendwann einmal ehelichte eine Movia einen Kristančič, und da kein männlicher Nachkomme vorhanden war, ergab sich die Namensänderung auf natürliche Weise. Warum dann jetzt wieder »Movia«? Auch dafür gibt es eine profane Erklärung: Die Familie Kristančič war immer schon privater Winzer, übrigens der einzige im Lande. Da gab es Verträge mit Jugoslawien, die dieses private Weinbauerntum regelten. Damals musste allerdings der Wein an den Staat verkauft werden, der diesen dann vermarktete. Mit der Entstehung der Republik Slowenien entstanden rundum private Weinproduktionen. So gibt es in Medana auch einen Top-Winzer namens Kristančič (ich habe ihn beschrieben), also ging vor etwa 12 Jahren Aleš darauf über, den Hausnamen als Markenzeichen einzusetzen. Eine gute Marketingentscheidung, wie ich meine.

Das »Movia«-Haus ist ein modernes Schloss – großzügig gebaut, modernst in der Kellertechnik ausgestattet. Es wurde in einen Hang errichtet und erlaubt einen atemberaubenden Blick hinein in die Weingärten der Brda. Noch atemberaubender ist der Weinkeller selbst: Über 560 Barriques lagern hier. Aleš ist ständig im Keller auf Kontrollgang. Da wird verkostet, gerochen, analysiert. Wein ist etwas Lebendiges, außerdem geht es ja auch um enorme Werte. Viel Geld wurde in Haus und Produktion gesteckt, das merkt der Besucher auf den ersten Blick. Dass die Familie Kristančič zu den reichsten Familien des Landes zählt, ist Ergebnis harter, langer Arbeit. Sie ist dabei einfach, offen und gastfreundlich geblieben, und das macht sie nur noch sympathischer.

Ščurek

5212 Dobrovo, Plešivo 44
Telefon und Fax (05) 304 50 21
e-mail: scurek.stojan@siol.net

Winzer: Ivan und Stojan Ščurek

Italienisch

Geöffnet: derzeit noch gegen Voranmeldung

Mitglied der »Ars vini«

Alle sagen, der Stojan Ščurek ist kreativ, hat viele Ideen und einen Sinn für Gemütlichkeit und Atmosphäre. Das kann ich bestätigen: Dieser Winzer versucht nicht nur sein Heim, sondern auch die Räume für seine Gäste mit Atmosphäre auszugestalten. Alleine der historische Barrique-Keller strahlt dies aus: alte Gerätschaften, Bilder der Vorfahren an den Wänden, einige Seiten von Steuerbüchern der Familie aus dem 19. Jahrhundert, ja sogar aus noch früheren Zeiten, sind hier ausgestellt. Daraus zeigt sich schon die Familientradition, und nach dieser Art und Philosophie versucht der Winzer seine Weine zu keltern. Stojan, der Winzer, hat fünf Söhne. Andere Winzer haben lauter Töchter. Was den Ščurek zur fröhlichen Feststellung bewegte: »In absehbarer Zeit gehört alles dem Ščurek ...« Wieder andere sagen, ebenso mit Augenzwinkern: »Der Ščurek ist ein Großproduzent – bei Kindern und beim Wein«.

Spaß beiseite. Das Wirtschaftsgebäude und der ehemalige Stall werden derzeit zu einem schönen Agriturismo-Betrieb ausgebaut: Degustationsräume, gemütliche Stuben und etliche Fremdenzimmer. Auch hier gilt die Devise: traditionell, gemütlich. Ende 1998 sollten die Ausbauarbeiten fertig gestellt sein. Wie für die gute Atmosphäre besitzt Stojan auch ein Gespür für das Marketing – an Ideen ist er nie verlegen. Und immer ein wenig den Schalk im Nacken.

Die Weine gehören zu den besten des Landes. Hervorstechend sind unter anderem der Sivi Pinot (Pinot grigio, Grauburgunder) und der Beli Pinot (Pinot bianco, Weißburgunder) sowie der Chardonnay. Bei den Rotweinen ist vor allem der Cuvée namens »Stara Brajda« zu nennen. Aus Cabernet franc (60 Prozent), Merlot (30 Prozent) und Refošk (10 Prozent). Leider hat Stojan nicht allzuviel von diesem guten Tröpferl, daher sollte danach von Herzen gebettelt werden. »Stara Brajda« gibt es auch bei den Weißweinen. Rebula (Ribolla gialla), Pika, Glera – alles autochthone Sorten aus dieser Gegend. Der Wein ist wuchtig, fruchtig und mit einem langen Abgang ausgezeichnet. Er benötigt aber nach dem Öffnen Zeit und Luft. Das gilt in verstärktem Ausmaß auch für den roten Cuvée.

Mavrič

5212 Dobrovo v Brdih, Šlovrenc 9
Telefon (05) 304 53 16
Winzer: Anton und Joško Mavrič
Italienisch
Geöffnet: Besuch mit telefonischer Anmeldung möglich

Auf der linken Straßenseite, einen Steinwurf von der Kirche Šlovrenc (zwischen Dobrovo und Neblo) entfernt, liegt das Anwesen der Familie Mavrič. Wobei der Weinfreund hier genau sein muss, denn der Name Mavrič ist in dieser Gegend weit verbreitet. Aber auf dem Haus prangt glücklicherweise groß das Schild mit der Hausnummer 9. Aus Alt mach Neu, lautete einst die Devise an diesem Anwesen. Aber Joško hat begonnen, den uralten Teil des Hauses, aus dem Jahre 1829, mit viel Liebe zur Tradition und modernem Geist zu renovieren. So errichtet er gerade einen neuen Weinkeller im ältesten Teil des Hauses. »Das kostet viel Geld, aber wir machen eins ums andere. Alles soll langsam wachsen.« Der Großvater und der Vater haben bereits Weingärten bearbeitet. Bis 1985 etwa wurden nur die Trauben gelesen und in der staatlichen Genossenschaft abgegeben. Dann begann die Familie eigene Weine zu produzieren.

Die Weine sind von hervorragender Qualität. Mit dem Pinot grigio (Sivi Pinot) errang Joško sogar eine Goldmedaille. Der beste Sivi Pinot des Landes, das ist schon was. Das war 1997: Goldmedaille und Sortensieger. Die ersten Siege liegen allerdings noch weiter zurück: Auf der Weinmesse in Laibach errang Mavrič schon 1991 und 1992 begehrtes Gold: für Pinot bianco (Beli Pinot) und Chardonnay. Vom siegreichen Pinot grigio werden 4000 Flaschen gekeltert. Die Gesamtproduktion an Weinen beträgt etwa 10.000 Flaschen.

Darüber hinaus werden Beli Pinot, Chardonnay, Merlot, Cabernet Sauvignon und Šlovrenc Novo als Vino nuovo (Merlot, Cabernet Sauvignon und ein wenig Cabernet franc) ausgebaut.

Constantini

5212 Dobrovo, Plešivo 32
Telefon und Fax: (05) 304 53 45

Winzer: Dušan und Alenka Humar

Italienisch

Geöffnet: Besuch immer möglich, aber nicht ohne Anmeldung und nicht im September

Preis für Weinverkostung auf Anfrage

Das Weingut Constantini liegt so nahe an der Grenze zu Italien, dass die Weingärten zur Hälfte bereits im Nachbarstaat liegen. »Vor 15 Jahren«, so gesteht der Winzer Dušan Humar, »hat es beim Grenzübertritt und bei der Arbeit in den Weingärten Probleme gegeben. Das ist heute aber beendet.« Das Weingut gehörte einst einem Adeligen namens Constantini. Der Urgroßvater des heutigen Winzers hat das Gut einst gekauft und seitdem ist es im Besitze seiner Familie. Acht Hektar Weingarten bearbeitet der Winzer. Er ist ein Mensch der ruhigen, überlegten Art. Seine Gattin ist wie er selbst: liebenswürdig, gastfreundlich. Die Familie hat eine lange Tradition im Weinbau in Medana. Dušan verfolgte die Anfänge bis 1680 zurück.

Heute gehört das Weingut zu den besten des Landes und muss sich vor der Konkurrenz nicht verstecken. Die Weine halten internationalen Vergleichen stand – absolut. Der Sauvignon 97 beispielsweise hat viel Körper, Frucht, Bukett und einen sehr vollen Geschmack. Die Ernte war gut, aber gering. Es gibt also nur wenige Flaschen von diesem Top-Wein.

Eine »Philosophie« des weisen Winzers werde ich nie vergessen: Der Charakter des Winzers zeigt sich auch im Charakter des Weines. Die Weine aus dem Hause Constantini besitzen Charakter, das spürt man bei jedem Schluck.

Der Chardonnay erfährt seine Gärung im Barrique. Und zwar immer bis Ende Mai, Anfang Juni, dann wird er in Flaschen abgefüllt und sollte dort noch ein Jahr reifen, bis er seine perfekte Trinkreife erhält. Ich habe den 97er bereits Mitte Juli getrunken, er war jung, hat aber eine erstaunliche Reife erreicht. Es war halt ein großartiger Jahrgang, der 97er.

Edi Simčič

5212 Dobrovo, Vipolže 39/A
Telefon (05) 304 51 54

Winzer: Edi und Aleks Simčič

Italienisch, Englisch

Geöffnet: nach Vereinbarung

»Wir sind wirklich nur kleine Winzer!« Edi Simčič ist ein bescheidener Mann, aber stolz auf sein Weingut, produziert er doch mit seinem Sohn Aleks Weine von höchster Qualität. Sie exportieren: ein wenig nach Japan, mehr nach Italien und einiges nach Deutschland. Und natürlich haben sie auch Kunden in Österreich, aber die kennen sie nicht, »denn die kommen hierher und kaufen ab Hof, wir kennen kaum ihre Namen«, erzählt der Winzer. Seine Weine hätten sie in diversen guten Restaurants kennen gelernt.

Das Weingut ist schon sehr alt, aber erst 1990 wurde in Flaschen abgefüllt und 1992 die ersten Roten

im Barrique ausgebaut. 1996 begannen Vater und Sohn auch den Ausbau von Weißweinen in Barrique. Zuerst mit dem Trojka, einem Cuvée, 1997 erstmals Pinot Grigio und Chardonnay. Der Ausbau in Barrique ist eine Modeerscheinung, das gibt der Winzer schon zu. »Aber die Kunden aus Italien fliegen darauf«. Die Weingärten liegen alle auf slowenischem Gebiet, doch sind sie schwer zu bearbeiten: steiles Gelände, trotz zahlreicher Terrassen.

Der Tocai, der Sauvignon oder der Ribolla gialla, alles Weine, die traditionell gekeltert wurden, sind allesamt fruchtig, würzig und von einer schönen Qualität. Das Aushängeschild der Weißweine ist der »Trojka« – Sauvignon, Pinot bianco und Chardonnay. Ein gelungener Cuvée. Jeder dieser Weine wurde zuerst getrennt im Barrique ausgebaut und dann in den Stahltank umgepumpt. Von dort wurde er dann in Flaschen abgefüllt.

Die Rotweine: Merlot und Cabernet Sauvignon. Merlot wird im Barrique ausgebaut, übrigens ein großartiger Tropfen. Ein roter Cuvée wird »Bosa Rosa« genannt: Merlot und Cabernet Sauvignon. Er ist ein Süßwein – die Trauben wurden auf Matten getrocknet und dann gepresst. Ein ähnliches Tröpferl gibt es auch als Weißwein: »Edijev izbor« aus Ribolla gialla, 70 Prozent, und der Rest gleichermaßen Chardonnay und Verduzzo – süß mit doch relativ hoher Säure.

Das Weingut kann außerhalb der Lesezeit jederzeit besucht werden, doch ist es besser, sein Kommen vorher telefonisch anzuzeigen. Die Winzerfamilie spricht sehr gut Italienisch, der Sohn auch sehr gut Englisch.

Bjana

5212 Dobrovo v Brdih, Goriška 13
Telefon (05) 304 50 76
Winzer: Milan und Miran Sirk
Geöffnet: nach Vereinbarung

Ein Sekt, produziert nach der Champagnermethode! Was für ein prickelndes Tröpferl! Dipl.-Ing. Sirk und sein Sohn sind Meister in der Kunst, »Champagner brut« zu erzeugen. Chardonnay und etwas Ribolla gialla sind die Basisweine, und für den roten Sekt ist es ein Pinot nero. Erzeugt wird diese Kostbarkeit in einem Keller, der gut und gerne seine 800 Jahre auf dem Buckel hat. Milan Sirk ist stolz darauf, einen der ältesten Keller im gesamten Collio und der Goriška Brda zu besitzen. Wie wohl diese »Ehre« auch eine große finanzielle Belastung darstellt. »Wir sind gerade dabei, das gesamte alte Herrenhaus originalgetreu zu restaurieren«, zeigt uns der Winzer und fügt hinzu, dass dies eine Lebensaufgabe darstellt.

Jahr für Jahr produziert das Haus »Bjana« 15.000 Flaschen Sekt nach der Champagnermethode. Daneben gibt es auch Weine, jedoch spielen diese in der Gesamtproduktion eine untergeordnete Rolle.

Zum Weingut der Familie Sirk gelangt man auf der Straße von Nova Gorica nach Dobrovo. Kurz vor Dobrovo zweigt nach links eine Straße Richtung Biljana ab. Mitten in der Ortschaft auf der rechten Seite führt eine unübersehbare Einfahrt in eine mächtige, burgähnliche Anlage (samt kleinem Turm). Das ist die Sektkellerei der Familie Sirk. Das Wohnhaus liegt nicht auf diesem Gelände. Daher ist es empfehlenswert, anzurufen, bevor man die Kellerei besucht. Eine Besichtigung ist sie allemal wert – alleine schon die Schönheit und Originalität des Kellers ist beachtenswert.

Der Sekt mit dem Namen »Bjana« ist in sehr guten Restaurants, in Vinotheken und natürlich beim Winzer selbst erhältlich.

Hotel Casino Park, Restaurant Park

5000 Nova Gorica, Delpinova 5
Eigentümer: HIT – Hoteli Igralnice Turizem
Hoteldirektor: Ferdinand Repovš
Deutsch, Englisch, Italienisch
Geöffnet: ganzjährig

Das Hotel Casino Park ist die erste Adresse in Nova Gorica, und die Nähe zu Italien (die Grenze teilt ja die Stadt in Gorizia und Nova Gorica) schafft naturgemäß einen Überhang an italienischen Gästen. Vor allem, weil sich eines der beiden großen Casinos der Stadt in diesem Hause befindet. Das Hotel liegt im Zentrum der Stadt, umgeben von einer schönen Parkanlage. Es hat internationales Niveau, bietet sich für Konferenzen, Familien- und Firmenfeiern bestens an. 80 Doppelzimmer und die vier Suiten sind mit modernem Komfort ausgestattet.

Kulinarisch verwöhnt wird der Gast im Restaurant Park, das einen Teil des Hotels darstellt. 230 Sitzplätze – groß genug also, um auch Gruppen aufzunehmen. Der Speisesaal des Hotels mag zwar wie eine Halle erscheinen, und doch ist er so gestaltet, dass sich die Gäste darin sehr wohl fühlen können. Im Sommer nimmt man gerne auch auf der Terrasse in freier Natur Platz. Das Küchenteam kocht Standardgerichte und je nach dem Angebot der Saison frische Produkte, etwa Sommertrüffel, Pilze, Kräuter und Fische aus der Adria.

Dazu empfehlen die Sommeliers des Hauses Weine aus Slowenien, vor allem bekannte heimische Namen finden sich auf der Weinkarte.

Die Hotelgruppe »Hit« führt in ganz Slowenien weitere Hotels: das Hotel Casino Perla in Nova Gorica, die Casinos in Kranjska Gora, Otočec, das Hotel Sabotin in Solkan, das Hotel Lipa in Šempeter pri Gorici, das Restaurant Mark in Šempeter sowie die Restaurants Triglav und Pri Hrastu – beide ebenfalls in Nova Gorica.

WC: großzügig, sehr sauber

Fischsuppe

1 kg Fisch mit weißem Fleisch, Olivenöl, 4 Knoblauchzehen, 2 Paradeiser, Zitrone, Petersilie, Lorbeerblatt, Salz, Pfefferkörner

Fisch säubern, entgräten, in Stücke schneiden und in kaltem Wasser aufsetzen. Öl, Knoblauch, Paradeiser, Zitrone und die Gewürze beigeben und köcheln lassen. Fisch herausnehmen, die Suppe abseihen, die Fischstücke wieder hineingeben und mit etwas Petersilie garnieren. Abschmecken.

Apfelstrudel

1 Pkg Strudelteig, für die Fülle: Äpfel, Zucker, Zimt, Rosinen, Zitronenschale, Nüsse, Apfelschnaps

Äpfel fein schneiden und mit dem Schnaps beträufeln. Den Teig ausrollen, die Apfelscheiben und die Fülle auf dem Teig verteilen. Einrollen und im Rohr backen.

Den Strudel in Scheiben schneiden und zu einer Spätlese oder Trockenbeerenauslese servieren.

Restavracija Pikol

5000 Nova Gorica, Vipavska 94
Telefon (05) 333 45 23
Fax 302 25 62
www.pikol-gasparin.si
e-mail: restavracija@pikol-gasparin.si

Wirte: Boris, Maruška, Tadej und Taras Gašparin

Italienisch

Geöffnet: 12–22 Uhr, Dienstag und Mittwoch Ruhetag, Samstag ab 19 Uhr geöffnet

Mitglied von Slow Food

Ein Pfahldorf, ein Haus im See – auf alle Fälle das originellste Restaurant von Slowenien. Das »Pikol« außerhalb von Nova Gorica ist ein Haus ganz aus Holz und auch auf Holzpfählen errichtet. Hier gibt's wohl die schönsten Holzhütten des Landes. Wo befindet man sich? In Kanada oder Finnland? Unter dem Lokal ist ein See, über und über mit wunderschönen Seerosen bedeckt. Über Holztreppen erklimmt der Gast erst die Terrasse und tritt dann ein in ein Reich der Genüsse. Es sind

in erster Linie Fische und Meeresfrüchte, die die Wirtsleute servieren. Für besondere Gourmets bringt der Wirt aber eine Spezialität, die es nach seinen Aussagen nur zehnmal auf der Welt gibt: ein Käse mit schwarzem Trüffel aus Istrien und Thunfischlaich, in Haut eingewickelt, gepresst zwischen zwei Brettern und im Meer einige Wochen »mariniert«, danach geräuchert. Auf den ersten Blick sieht es aus wie ein Schinken aus Rinderfilet. Diese äußerst seltene und hervorragende Köstlichkeit nennt sich »Botarga«. Botarga wird in dünne Scheiben geschnitten und mit dem Käse sowie etwas Olivenöl serviert. Alleine die Grundprodukte zu finden, ist eine Kunst. Der Wirt und seine Gattin in der Küche verstehen sich anscheinend darauf, denn nur ganz wenige Fischer im Süden Italiens und südlich von Dubrovnik beherrschen die Kunst der Herstellung dieser Thunfisch-Raffinesse.

Scampi oder Datteri à la Buzzara gibt es in der klassischen Art mit Paradeisern oder ganz einfach gedünstet mit Weißwein, Knoblauch und Petersilie, Estragon und anderen Kräutern. Ein Gedicht. Das setzt sich fort, quer durch die Speisekarte beziehungsweise durch das Angebot von Wirt und Sohn, bzw. Servierpersonal (welches übrigens sehr kompetent auftritt).

Der sympathische und immer fröhliche Wirt ist eine Verkaufskanone. Er versteht es, seine Produkte richtig anzubieten, die Weine anzupreisen (es finden sich ja nur tolle Tropfen in diesem Hause, die meisten von Produzenten aus der Brda oder aus dem Vipava-Tal) und am Ende des festlichen Mahles einen geeigneten Digestiv vorzuschlagen. Niemand lehnt ab. Ehrensache.

Etwa 100 Gäste finden im Wirtshaus Platz. Auf einer der Terrassen stehen etwa 40 Plätze zur Verfügung. Woher die Gäste kommen? Industrielle aus dem Veneto – die Benettons beispielsweise sind Stammgäste – vor allem aber die Gondoliere von Venedig. Sie feiern hier ebenso rauschende kulinarische Feste wie zahlreiche Künstler aus Venedig.

WC: getrennt, modern, sauber

Capesante mit Ananassaft und Zedrat

16 Stück Capesante, eine Scheibe Ananas, für jede Muschel 5 dag Butter, mittelgroße Zedratfrucht (eine etwas süßere Zitronenart)

Muscheln gut waschen und putzen. Eine Scheibe Ananas in Butter anbraten, die Frucht herausnehmen und in dieser Butter das Fleisch der Muscheln goldgelb rösten. Das Muschelfleisch herausnehmen, den Saft der Zedrat in den Bratenrückstand mischen. In die Muschelhäuser ein Stück Ananas legen. Darauf wird das Fleisch der Capesante gelegt und mit dem eigenen Bratensaft übergossen.

Garniert wird mit geriebener Muskatnuss. Dazu reicht man einen Tocai vom Winzer Vuga aus der Goriška Brda.

Scampi in weißer Buzera

2 kg mittelgroße Scampi, 1 Knolle Knoblauch, grüne Petersilie, Olivenöl, 2 dl Weißwein Rebula, 5 dag Semmelbrösel, Salz, frisch geschroteter Pfeffer und Schnittlauch

In der Pfanne Öl erhitzen, Knoblauch und Petersilie rasch anrösten und dann die Scampi dazugeben. Mit Wein aufgießen, Brösel dazugeben und alles zehn Minuten gut kochen. Zum Schluß Olivenöl beifügen. Mit Schnittlauch, Salz und Pfeffer abschmecken. In einer Tonschüssel servieren. Getoastetes, mit Knoblauch bestrichenes Weißbrot beigeben. Der Wirt serviert dazu einen Chardonnay von Vuga.

Gostilna Žeja

5261 Šempas, Ozeljan 321
Telefon (05) 308 84 59, Fax 308 81 30
Wirte: Eugen und Igor Lovrečič
Italienisch
Geöffnet: 11–23 Uhr, Donnerstag Ruhetag, Ferien in der zweiten Augusthälfte

Die traditionsreiche Gostilna liegt 100 Meter abseits der Hauptstraße, die durch das Vipava-Tal nach Nova Gorica führt. Es sind nur mehr einige wenige Minuten bis in die Stadt und nur wenige Kilometer zur Grenze nach Italien. Daher sind die meisten Gäste, die hierher kommen, Italiener und Görzer. Es ist ein schönes Haus mit einer großen überdachten Terrasse. Sie spendet genügend Schatten, und der Wind, der ständig durch das Tal weht, schafft auch an heißen Sommertagen etwas Kühle.

Die Philosophie der Küche: regionale Produkte und Meeresfische. Diese werden frisch aus Kroatien angeliefert. Sehr kreativ, qualitätsvoll und geschmacklich hervorragend sind die Speisen, die dieser Familienbetrieb anbietet. Die Speisekarte wird ständig den saisonalen Angeboten des Marktes angepasst.

Igor, der Juniorchef, ist ein kompetenter, fachkundiger Wirt, der auch eine große Auswahl guter Weine aus ganz Slowenien vorweisen kann. Etwa 50 verschiedene Weine machen den Gästen die Wahl nicht gerade leicht, aber Igor ist ein guter Berater. Igors Mutter ist als Küchenchefin tätig, und der Vater kann mir Recht stolz auf jenen luftgetrockneten Schinken sein, den er neben Räucherwurst und Salami produziert.

Was an dem Haus besonders auffällt: viele Blumen, eine gepflegte Gartenlandschaft, sympathisches Personal.

WC: getrennt, sehr gepflegt

Prosciutto in Weißwein mit grünen Oliven und Polenta

20 g Butter, 70 g Schinken, 5 dl trockener Weißwein, 5 dl Rindsuppe, 2 grüne Oliven

In einer Pfanne die Butter erhitzen. Sie muss fast braun werden, dann den in Scheiben geschnittenen Schinken dazugeben. Schnell anbraten und mit dem Wein aufgießen. Kurz aufkochen, anschließend Rindsuppe und gehackte grüne Oliven dazugeben. Bei kleiner Hitze kurz kochen lassen. Als Beilage Polenta servieren und Parmesan darüberstreuen.

Beefsteak auf Rucola

250 g Beefsteak, Olivenöl, Salz, Pfeffer, Zitrone, 1 Scheibe Kürbisfleisch, 1 Scheibe Melanzane, 3 Scheiben Erdäpfel, Karotte, 1 Handvoll Rucola

Das Filet sieben Tage in Öl marinieren oder gut abgelegenes Filet verwenden. Das Beefsteak medium braten. Danach in dünne Scheiben schneiden und auf mit Olivenöl abgemachten Rucola legen. Mit grobem Meersalz salzen. Nach Wunsch mit Zitronensaft beträufeln.

Als Beilage: am Grill gebratenes Gemüse.

Gostišče Pri Lojzetu, Dvorec Zemono

5271 Zemono–Vipava
Telefon und Fax (05) 366 54 40
Wirtin: Katja Kavčič
Deutsch, Italienisch, Englisch
Mitglied von Slow Food
Geöffnet: 12–22 Uhr, Ruhetag Montag, Dienstag. Im August 10 Tage geschlossen

Zuerst wurde uns Weißbrot, mit Fleisch gefüllt, und eine Krensoße serviert. Letztere, so bezeichnete ich sie Katja gegenüber, sei ein Gedicht. »Ich weiß das«, gestand lächelnd die Wirtin, derartige Komplimente höre sie häufig. Daraufhin genossen wir für uns still weiter. Beispielsweise das Rindscarpaccio auf Rucola, über das die Köchin nicht Käse, sondern Äpfel raspelte. Was für eine Idee!

Ich habe gehört, Goldoni habe hier gerne gespeist. Mich wundert das nicht. Das Restaurant Zemono ist Poesie – feinsinnig, philosophisch, genüsslich, lebendig.

Auf einem Hügel thront diese große Villa, in deren Keller sich der Schlemmertempel unter uraltem Gewölbe befindet. Die meisten Gäste sagen, es sei Sloweniens bestes Restaurant.

Auch Aleksander Schmidt und Klavdija, die wir dort trafen, als sie ihre Hochzeitsfeier im »Zemono« organisierten, sind fest davon überzeugt: »Zemono, sonst gar nichts«.

Die zweite Strophe unserer lyrischen Reise durch die Kochkunst des Hauses: Schinken, geräuchert, gekocht, auf Brotteig serviert. Mit Zuckermelone und einer feinen Rucolasoße. Eine ganz eigene Art von »Schinken mit Melone«.

Das »Zemono« bietet einen großen Speisesaal, in dem Hochzeiten à la Aleksander und Klavdija superb abgehalten werden können. Dann gibt's zwei Stüberln für die Tagesgäste, eines für kleinere Gesellschaften und eine Terrasse. Noblesse überall, aber nicht aufdringlich. Die Wirtin, ihr Sohn Tomaž sowie Schwiegertochter Barbara als Sommelier verstehen es, eine freundschaftliche, persönliche Atmosphäre aufkommen zu lassen. Sloweniens Gesellschaft speist hier, diskret und doch jeder als Freund.

Die dritte Strophe: Eine Gemüsesuppe mit Pilzen, serviert in Brotteig. Langsam kommt ein Verdacht in mir hoch: Natürlich, sie will mich töten. Nein, nicht das physische Ende hat sie geplant, die Wirtin, sondern meine physische Hingabe. Die völlige Unterwerfung des Gastrokritikers ist nur mehr eine Frage der Zeit: Topfennockerln auf einer Bratensoße, mit Rahm verführerisch verfeinert. »Warum essen Sie so schnell?« Mit einem fröhlichen Augenblinzeln (»Ha, jetzt habe ich ihn bald soweit.«) raunt mir die Wirtin diese Frage ins Ohr. Sie hat mich der Poesie der Küche unterworfen. Nein, noch bin ich Banause und wehre mich tapfer ... Sauvignon, Chardonnay, Terrano, noch ein Sauvignon, diesmal von Marjan Simčič.

Vom Nebentisch weiht mich ein Slowene in perfektem Deutsch ein: »Diese Frau kann Wunder vollbringen.« Mich wundert gar nichts mehr. Zur vierten Strophe werden die hausgemachten Nudeln, breite Tagliatelle – wieder mit einer herrlichen Soße – geboten.

Zur fünften Strophe umfasst mich die Wirtin ganz liebevoll und zart an der Schulter: gebratenes Kalbsfilet mit Polenta. Die Soße – ein Traum. Sie hat mich. Ich habe mich der Küche hingegeben. »Modri Pinot 1994« von »Movia« wird eingeschenkt. Wer jetzt nicht wegschmilzt, ist selbst schuld. Vor solch einer Schuld bewahre mich, lieber Gott. Ich kann mich nicht mehr erinnern, was dann noch alles kam. Es ist schön, so zu leben.

Bleibt noch zu sagen: Tomaž, der Sohn der Wirtin, ist als Juniorchef nicht nur fleißig, sondern für das Haus auch sehr kreativ. Das Personal ist freundlich, zuvorkommend und bestens ausgebildet. Wer hat da wohl etwas anderes erwartet?

WC: dem Hause entsprechend

Karst-Beefsteak

4 St. abgelegener Lungenbraten zu je 20 dag, 5 dag Butter, 4 dag Mehl, 2dl Teran, 1 dl Sauerrahm, 15 dag Prosciutto, 1 Knoblauchzehe, 8 dag Käse, 1 Löffel Parmesan, Salz, Pfeffer

Auf der Butter das Mehl schnell anrösten und mit dem Teran aufgießen, sobald er aufkocht, den Knoblauch und die Hälfte des fein geschnittenen Prosciuttos hinzufügen und nochmals aufkochen lassen. In der Zwischenzeit klopfen wir die Beefsteaks, die einige Tage in der Ölmarinade gelegen sind, leicht mit dem Handballen, salzen und pfeffern und braten sie auf dem Griller scharf auf beiden Seiten ab. Wir legen sie in die Teran-Sauce und dünsten sie zugedeckt einige Minuten, dann belegen wir sie mit je einer Prosciutto- und Käsescheibe und rühren den Parmesan unter die Sauce. Langsam (ca. 5 min) zugedeckt köcheln lassen, damit Beefsteaks und Sauce Farbe annehmen.

Weingut Tilia

5263 Dobravlje, Potoče 41, Kukanje
Telefon und Fax (05) 364 66 83
e-mail: Tilia@Lemut.net

Winzer: Matjaž und Melita Lemut

Englich, Deutsch

Sie haben in den Vereinigten Staaten von Amerika und in der Schweiz gearbeitet
  Und dabei auch das Handwerk des „Weinmachens" gelernt: Matijaž und Melita Lemut. Die beiden jungen Winzer aus dem Vipavatal sind dann heimgekehrt, um die Weingärten des Vaters zu übernehmen und ihre eigene Philosophie von Weinbau durchzusetzen.
Ein harter Weg: Unermüdliche Arbeit in den Weingärten, über die im Winter die Bora bläst, Investionen in die moderne Technik im

Weinkeller, Ankauf von Barriques und Holzfässern – französische, slawonische und amerikanische Eiche. Und immer wieder die Abstimmung: Qualität, Qualität, Qualität.

Die Ergebnisse können sich jedoch schmecken und sehen lassen. Die Tilia-Weine hat das Winzerehepaar in zwei Linien untergeteilt: Orange Tilia und Golden Tilia. Englisch deshalb, da ein Gutteil der Weinproduktion in die USA exportiert wird. Orange Tilia sind die fruchtigen, spritzigen Weine mit zarten Zitrus- und Orangentönen wie Sivi Pinot oder Sauvigon. Golden Tilia die massiven, barriqueausgebauten Rotweine wie Cabernet Sauvignon, Merlot oder Pinot noire. Auch der Chardonnay in barrique ist der „Golden"-Linie angehörig.

Bei „Tilia" wird internationales Niveau gepflegt, am Design, an den Etiketten, an den Flaschen und natürlich in erster Linie am Inhalt.

Weitere Empfehlungen:

Gostilna Pri Hrastu

5000 Nova Gorica, Kromberška 2
Telefon (05) 302 72 10, Fax 336 60 90
www.hit.si, e-mail: info@hit.si
Geöffnet: 11–23 Uhr, Samstag 18–24, Sonntag 12–24 Uhr

Das Gasthaus »Zur Eiche« ist bereits aus den Zeiten Kaiser Franz Josefs bekannt. Früher waren es Fuhrleute, die hier mit ihren Wagen Rast machten und einkehrten. Heute sind es Ausflügler und Geschäftsleute, die von Nova Gorica den nicht weiten Weg in Richtung Kromberk unternehmen, um hier gut zu essen. Im Inneren des Gasthauses gibt's etwa 50 Plätze, aber in warmen Jahreszeiten sitzt man als Gast lieber im großen, schattigen Gastgarten, der weit mehr als 100 Gäste unterbringen kann. Hier sitzt man allerdings nicht unter Eichen, sondern unter Kastanien. In dem alten Haus bietet die Küche bodenständige Kost und Meeresspeisen. Das Gulasch schmeckt angeblich genauso wie vor 100 Jahren.

Weingut Dario Kren

5212 Dobrovo, Plešivo 15
Geöffnet: nach Vereinbarung

Dario Kren gehört zu jenen Weinbauern, deren Weingärten nach dem Zweiten Weltkrieg teilweise auf italienisches Staatsgebiet gefallen sind, was aber auf die qualitätvolle Bewirtschaftung keinen Einfluss hat. Der Keller ist modern ausgestattet. Ein großer Teil der Weine wird im Stahltank vergoren. Auf den Cabernet franc ist er besonders stolz, ebenso auf Weine, die er rosé ausbaut. Das tun nur wenige Winzer in der Brda. Der Winzer Kren legt großen Wert auf Qualität und Rarität. So bietet er einen Prädikatswein unter dem Namen »Madona« an. Die jährliche Produktion beträgt knapp 50.000 Flaschen.

Bauernhof und Weinbau Štekar

5211 Kojsko, Snežatno 26
Geöffnet: nach Vereinbarung

Die Familie Štekar kann auf eine lange Familientradition als Weinbauern hinweisen. Anuška und Roman Štekar haben vor etwa 15 Jahren begonnen, neben dem Weinbau auch für Gäste zu kochen. Wobei hier Speisen angeboten werden, die harmonisch zu den hauseigenen Weinen passen. Schinken, Salami, Frittata, Polenta und so weiter. Das Ehepaar ist sehr gastfreundlich und bemüht. Eine Voranmeldung ist jedoch notwendig, da die Bauern ja sehr viel im Weingarten, Keller und Garten zu tun haben und sich die Arbeit dadurch besser einteilen können. Wenn sie aber Zeit haben, dann geben sie auch Einblick in die reiche Geschichte ihres uralten Hauses (welches übrigens renoviert und ausgebaut wurde).

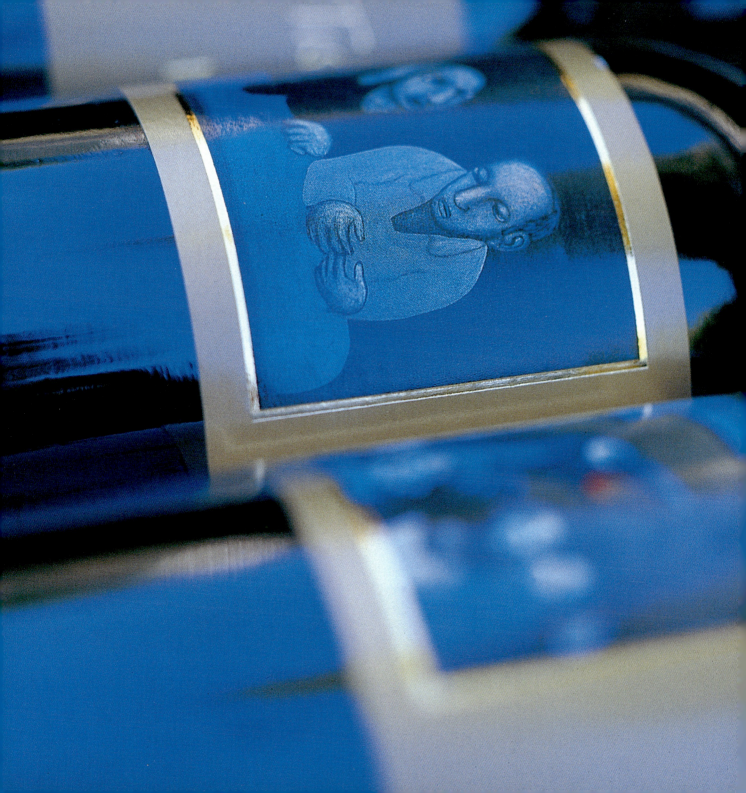

Durch den Karst an die Adria:

Nova Gorica – Kostanjevica – Komen – Sežana – Koper – Piran – Portorož

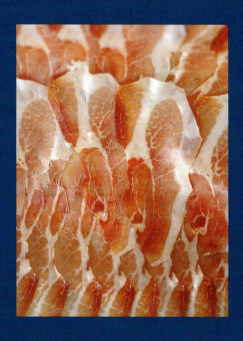

Die Adriaküste Sloweniens ist zwar nur 46 Kilometer lang, aber die haben es in sich: Industriehäfen, Jachthäfen, Salinen, Felsküste, eine Stadt, malerische Dörfer, Waldstücke, Badestrände. Koper ist der wirtschaftliche Anschluss Sloweniens an Afrika, den Vorderen Orient und Asien, Portorož der berühmteste Badestrand der nördlichen Adria. Schon in der Monarchie pilgerten Adelige und reiche Bürger aus dem Norden hierher, ließen sich Villen errichten und verbrachten so manchen milden Herbst, Winter und auch den Sommer hier.

Heute hat die slowenische Adriaküste das ganze Jahr über Saison – nur in unterschiedlicher Intensität. Dann ist da dieses landschaftlich wunderschöne Hinterland, auch Kras (Karst, Carso) genannt. Dorthin führt uns der nächste Weg.

Teran, Lipizzaner und die Künstler

Die Lipizzaner sind schon lange da, die Künstler haben es erst in den letzten Jahrzehnten entdeckt: das Land hinter der Küste. Der Karst: Er ist romantisch, für Bauern eher hart; er zeigt eine üppige Vegetation, die in heißen Sommerzeiten verbrennt; es stürmt hier kräftig wie kaum woanders und ist doch mild und schön. Der Karst hat viele Gesichter: sanfte und kantige.

Lipica ist wohl der berühmteste Ort im Karst. Schon wegen der Lipizzaner. Einer Pferderasse, die durch die Spanische Hofreitschule in Wien Weltruhm erlangt hat. Das Gestüt wurde jedenfalls von Erzherzog Karl im Jahre 1580 gegründet. Es diente der Armee – heute einer Armee von Schaulustigen und Sportbegeisterten.

Den Lipizzanern von Lipica – der Name leitet sich von lipa (Linde) ab – geht es gut. Die Stuten weiden mit ihren Fohlen in großen Koppeln, die Hengste haben Platz vor den Stallungen.

Raum ist genug vorhanden: für einen Golfplatz (samt veraltetem Golfhotel), für ein schönes Hotel (Maestoso) samt Schwimmbad, Tennisplatz, Reitschule, Reitplatz und weite Fluren für den Ausritt. Das Publikum ist international. Das gesamte Gebiet hat ohne Zweifel beste Chancen, eines der großen Gebiete für sanften Sporttourismus zu werden.

Lipica kennen viele Menschen, sehr viele Touristen kennen auch Štanjel (Sankt Daniel). Ein Karstdorf, hineingeschmiegt in den Berghang. Burg und

Kirche sehen von weitem aus, als wären sie mit den Felsen verschmolzen – ein malerischer Ort, zum Schauen und zum Verweilen. Das denken sich auch slowenische oder Triestiner Künstler, die hier alte Bauernhäuser aufgekauft und zu Ateliers umgebaut haben: der Designer Oskar Kogoj etwa oder der 1985 verstorbene Künstler Avgust Černigoj, dem in Lipica eine sehenswerte Galerie gewidmet ist.

Die Künstler zieht es aber weniger dorthin, wo sich die touristischen Trampelpfade befinden, sondern in die Nähe der kleinen Dörfer, wo Weinbauern den Teran (Terrano) oder den Malvazija (Malvasia) anbauen. Die Weingärten müssen buchstäblich der kargen Karstlandschaft abgerungen werden. Branko Čotar aus Komen hat mich zu einem seiner neuen Weingärten geführt: »Da schau, hier haben wir 750 Lkw-Fuhren Erde aufgebracht«. Es ist eine rote Erde, fast so rot wie der herrliche Teran, ein Refošk, der hier gedeiht.

Im Karst wird der berühmte Schinken produziert. Eine der größeren Produktionen befindet sich unweit der Stadt Sežana.

Zahlreiche Orte laden zum Besichtigen ein, wie Repentabor, schon jenseits der Grenze, errichtet auf einem Hügel. Von weitem sind nur der Kirchturm und die Dächer einiger Häuser zu sehen, als wäre es eine Festung. Sehenswert sind auch die Škocjanske jame, die Höhlen von St. Kanzian nahe Divača, auf dem Weg von Sežana nach Koper. Eine Wunderwelt.

Palmen an der Küste

Palmen in Portorož – das milde Klima und die geschützte Lage in der Bucht machen es möglich. Die schönen, alten Villen sind terrassenförmig in den Berghang errichtet worden. Jeder Hausherr wollte den direkten Blick hinaus auf das Meer haben. Das hat sich auch die Tourismusgesellschaft »Bernardin« gedacht und errichtete das Hotel Emona terrassenförmig an eine Felswand. Jedes Hotelzimmer erlaubt den Blick auf die Adria. Wo wenig Platz ist, wird man eben erfinderisch. Portorož ist Sitz eines Casinos (im noblen Hotel Metropol), vieler sehr guter Hotels, eines großen Jachthafens (über 700 Boote liegen dort), zahlreicher Restaurants und Boutiquen – ein Fremdenverkehrszentrum also. Am Strand lässt es sich bis in das wenige Kilometer entfernte Piran spazieren. Ein netter, alter Ort mit einem kleinen Fischerhafen und vielen Lokalen, in denen in erster Linie Fischspezialitäten angeboten werden.

Weiter nach Izola ist die Wanderung allerdings durch felsiges Gelände unterbrochen. Die Halbinsel Izola – ebenfalls sehr malerisch gelegen – kann nur mit dem Boot oder dem Auto erreicht werden. Wie in Piran herrscht auch in Izola Parkplatzknappheit. Besser ist es, mit dem Fahrzeug nicht in das Zentrum drängen zu wollen – lieber ein paar Schritte zu Fuß, als einen Parkschaden am Auto oder einen Strafzettel hinter dem Scheibenwischer riskieren. Koper wiederum ist eine pulsierende Stadt. Obschon nur knapp 30.000 Einwohner ist sie doch eines der Industriezentren Sloweniens. Die Altstadt hat venezianischen Charakter und spiegelt nichts von der Hektik der Geschäftsviertel wieder.

Rund um Koper reichen die Weingärten fast in die Stadt. Es ist das Weinanbaugebiet Koprsko, wo besonders gute Rotweine angebaut werden. Der Cabernet Sauvignon »Capo d'Istria« der Großkellerei Vinakoper zählt für mich zu den besten Rotweinen des Landes, wurde oft als Champion des Jahres ausgezeichnet und ist praktisch Jahr für Jahr vergriffen. Wer ein paar Flaschen davon auftreiben kann, dem empfehle ich, diese zehn Jahre (vorausgesetzt die Kellermöglichkeiten sind optimal) zu lagern und dann erst zu öffnen.

Dass Koper auf eine mehr als 2500-jährige Geschichte zurückblicken kann, soll hier erwähnt werden. Koper stand unter vielen Flaggen: der der Römer, der Byzantiner, der Venezianer, der Habsburger und des Freistaates Triest. 400 Jahre venezianische Herrschaft haben jedoch den Baustil der Stadt am stärksten geprägt.

Von Koper nach Triest ist es nur ein Katzensprung. Ich wähle dabei nicht die Autobahn, sondern die Küstenstraße über Ankaran – den nördlichsten Badeort Sloweniens. Er ist nicht historisch gewachsen, sondern ein Freizeitort aus der Retorte: Campingplatz, Pensionen und Hotels neueren Datums, ein paar Privathäuser, alles versteckt zwischen hohen Büschen, Kiefern und Zypressen – eine grüne Oase zwischen den Häfen Triest und Koper.

Wir besuchen:

Weingut Čotar, Gorjansko, Komen
Weingut Lisjak, Dutovlje
Gostišče Špacapan, Komen
Gostilna Ravbar, Dutovlje
Restaurant Primorka, Strunjan
Gostišče Delfin, Piran
Restaurant Neptun, Piran
Restaurant Ribič, Portorož
Restaurant Marina, Portorož

Weinkellerei Čotar

6223 Komen, Gorjansko 18
Telefon (05) 766 82 28, 766 80 23
Winzer: Branko & Vasja Čotar
Italienisch
Geöffnet: nach Vereinbarung

Den Winzer haben wir im Weingarten getroffen: er auf dem Mountainbike, der Sohn – ein fescher Bursche (ganz der Herr Papa) – im Geländewagen. Gerne hat er uns in seinen Weinkeller geführt. Der sieht uralt und reich an Tradition aus, wurde aber erst vor zehn Jahren errichtet. »Wir haben mit alten Materialien gebaut und wollten den Keller so machen, wie man früher gebaut hat.« Die meisten Weine werden im Holzfass gereift. Teran in großen Fässern, die anderen Weine wie Chardonnay, etwas Merlot, Sauvignon, Malvasia in Barriques. Die Rotweine lagern mindestens zwei Jahre im Holz. In einem Teil des Kellers liegen alte Jahrgänge, in Flaschen abgefüllt. Raritäten der besonderen Art.

Čotar ist ein Qualitätsverfechter: kein Liter offener Wein, alles in der Flasche. Qualität beginnt im Weingarten. Der Rückschnitt zielt auf einen Kilo Trauben pro Weinstock, um die Qualität noch mehr zu steigern. Die Weine werden alle trocken ausgebaut. Beim Rotwein wird ein Cuvée gekeltert: Teran, Merlot, Cabernet Sauvignon. Er nennt sich »Terra Rossa«. »Ich will keinen Wein wie im Collio keltern, das ist ein Karstwein, wie ihn sonst niemand anderer anbietet«, lautet die Philosophie des sympathischen Winzers.

Der Keller soll in den nächsten Jahren noch ausgebaut werden: In den Karst wird in zwei Ebenen ein Keller geschlagen. Er soll Platz machen für 120 Barriques. Damit will Čotar auch seinen Weingarten von derzeit 4,5 auf 7 Hektar erweitern.

Verkostet haben wir einen Malvazija (Malvasia): Wer immer den Malvasia als Massenwein abgetan hat, der wird hier eines Besseren belehrt. Der Sauvignon 1997 hat alle Anzeichen zu einem großen Wein – rund 13 % Alkohol, in der Nase vollreif und kräftig. Der Duft erinnert an Hollunder, aber auch ein wenig an Paprika. Und er hält absolut das, was er in der Nase verspricht. Der Wein hat auch Säure, die ihm noch die Krone aufsetzt. Großartig! 2000 Flaschen gibt's, wer schnell ist, hat noch eine Chance.

Der Sauvignon 1996 hat an Bouquet viel verloren, aber der Körper ist vorhanden und der Geschmack ist wahrlich exzellent. Dass die Rotweine auch von besonderer Güte sind, muss hier nicht extra gesagt werden. Mich haben eben die Weißweine mehr interessiert, weil es im Karst eher unüblich ist, so großartige Weißweine zu produzieren. Vom Hause Čotar darf man in Zukunft noch mehr erwarten. Der Chef ist erst 50 Jahre alt und der Sohn beginnt schon in seine Fußstapfen zu treten. »Er ist mein Kellermeister«, meint der Winzer zu seinem Sohn und umarmt ihn liebevoll.

Die Familie führt auch eine Art Verkostungsrestaurant gegenüber der Kirche für Gruppen von elf bis 20 Personen. Da wird nach Slow-

Food-Art aufgekocht, dass es eine wahre Freude ist. Anmeldungen unter oben stehender Telefonnummer.

Weingut Lisjak

6221 Dutovlje 31
Telefon (05) 766 40 63

Winzer: Boris Lisjak

Italienisch

Geöffnet: auf Anfrage oder gegen Voranmeldung

Rein äußerlich gesehen erkennt man den Wein von Boris Lisjak bereits an der besonderen Form der Flasche. Der berühmte Designer Oskar Kogoj hat sie gestaltet. Die Flasche ist sehr grazil, verjüngt sich am Hals und am Fuß. Wichtiger allerdings ist der Inhalt. Ohne Zweifel kann behauptet werden, der Wein »hat es in sich«. Lisjak ist einer der besten Teran-Produzenten im slowenischen Karst. Sein Haus ist leicht zu finden: In Dutovlje fährt man in Richtung Sežana. Gleich am Ortsrand von Dutovlje befindet sich eine Tankstelle. Sofort nach ihr rechts abbiegen. Und gleich nach der Abzweigung wiederum jenen Weg nehmen, der nach rechts führt. Nach etwa hundert Metern links zu einem großen weißen Haus abbiegen. Das ist das Weingut Lisjak. Umgeben von Weingärten liegt das große Haus, in welchem in einem Nebentrakt ein Degustationsraum eingerichtet ist. Dort hängen die Auszeichnungen, die der Winzer Boris bisher für seine Weine erhalten hat. Meist für den Kraški teran, aber auch für den Cabernet Sauvignon 1993. Das war ja bekanntlich für den westlichen Teil Sloweniens ein außerordentlich guter Jahrgang.

Boris produziert acht Weine: 80 Prozent Teran, dann Cabernet Sauvignon, Merlot. Der Cabernet franc muss noch wachsen. An Weißweinen keltert er unter anderem auch Pinot bianco, Chardonnay und Tocai.

Der Teran ist seine Medaillen wert, das darf mit Fug und Recht behauptet werden. Er ist fruchtig, erdig, leicht salzig, im Duft leicht rauchig, säurebetont und doch harmonisch.

Alle Rotweine reifen im Holzfass, manche in Barriques. Boris versucht, auch den Teran im Barrique reifen zu lassen. Bis zu eineinhalb Jahren, dann noch eine Reifezeit in der Flasche von etwa einem Jahr, sodass ein Teil des Teran erst nach drei Jahren in den Verkauf kommt.

Noch qualitätsvoller verhält es sich mit dem Cabernet Sauvignon: fünf Jahre Reifezeit im Barrique und in der Flasche. Kein Wunder, wenn der Jahrgang 1993, der jetzt in den Verkauf kam, internationale Klasse besitzt.

Noch etwas ist zu sagen: Der Keller von Boris Lisjak ist eine Wucht! Ein Steingewölbe, 1992 errichtet. In einem Raum befinden sich die großen Holzfässer und etwa 20 Barriques, im anderen Raum etwa 40 Barriques. In ihnen lagern Teran, Merlot und Cabernet Sauvignon. Letzte Anmerkung: Den Merlot darf ich als besonders gelungen bezeichnen. Er erinnert an große Merlotproduzenten im Bordeaux oder in der Toscana (die Leser wissen, was ich meine).

Boris Lisjak ist zweifellos ein Name, den man sich merken sollte.

Gostišče Špacapan

6223 Komen 85
Telefon (05) 766 04 00
www.komen.si/gosti/spacapan
gostilna.spacapan@siol.net

Wirte: Ada Špacapan

Italienisch

Mitglied von Slow Food

Geöffnet: 10–22 Uhr, Samstag und Sonntag 10–24 Uhr, Montag, Dienstag geschlossen

Komen ist eine kleine Stadt mitten im slowenischen Karst. Es ist wunderschön hier: drückende Hitze im Sommer, aber im Frühjahr, im Spätsommer und vor allem im Herbst ist dieses Gebiet jeden Tag einen Ausflug wert. Mitten in dieser kleinen Stadt das einfache, aber sehr freundliche und vor allem gute Gasthaus Špacapan.

Der Speisesaal ist nicht sehr groß, aber sehr gemütlich eingerichtet. Die Tischkultur besticht durch unaufdringlichen Charme. Die Wirtin ist nicht nur dynamisch, sondern auch sehr kreativ. Hier gab es schon immer ein Restaurant, diese

Familie ist seit 25 Jahren im Ort. Im Haus befindet sich ein Fotoalbum: 1920 beginnt das Archivmaterial. Aus den einzelnen Beiträgen lässt sich leicht erkennen, dass dieses Gasthaus das Kommunikationszentrum der Stadt und Umgebung ist. Viele kulturelle Veranstaltungen haben hier stattgefunden.

Gekocht wird nach alten Rezepten der Oma, »natürlich haben wir sie dem heutigen Trend angepaßt,« erzählt die Wirtin. Im September und Oktober wird die Küche meist auf ganz traditionelle Karst-Spezialitäten eingestellt. Der Termin wird manchmal verschoben, aber auf Anfrage lässt sich das Datum leicht feststellen. So wird hier Jota geboten, jener Eintopf, der auch in Triest berühmt ist und viele Freunde hat. Übrigens: Als Koch werkt der Sohn mit viel Engagement und Können.

Die Wirtin ist auch geprüfter Sommelier, daher ist die Weinauswahl groß. Die Tröpferln kommen aus dem Karst, dem Vipava-Tal, der Großlage Koper und aus der Goriška Brda.

Die Preise sind moderat, das Slow-Food-Menü kostet etwas mehr, ist aber vom Feinsten.

WC: getrennt, einfach, sauber

Karster Jota

500 g Sauerkraut, 300g Käferbohnen (eingeweicht), 500 g Erdäpfel geschält, 100 g durchzogener Speck (oder Abschnitte vom Karst-Schinken), Knoblauch, Gewürze: Salz, Pfeffer, Lorbeerblatt, Schweineschmalz oder Öl, ½ EL Mehl

Kraut, Bohnen und Erdäpfel extra kochen. Bei den Erdäpfeln wird der Speck mitgekocht. Ist alles gekocht, wird es in einem großen Topf zusammengemischt. Mit Schmalz oder Öl das Mehl anrösten, Knoblauch dazugeben (Vorsicht, er soll nicht anbrennen!). Dann alles unter den Eintopf rühren. Anschließend wird die Jota gesalzen, gepfeffert, ein Lorbeerblatt dazugeben. Kurz aufkochen. Man kann auch eine gekochte Selchwurst als Einlage beifügen.

Gerstenbrei

200 g Rollgerste, 40 g Öl, 40 g Zwiebel, 40 g Karotten, 40 g Petersilwurzel, 20 g Erbsen, ½ l Weißwein, Basilikum, Petersilie, Salz

Die Rollgerste kochen und abseihen. Feingehackte Zwiebel und Wurzelgemüse in Öl anrösten. Erbsen dazugeben. Mit Wein aufgießen, dünsten lassen, bis es weich ist. Mit Basilikum und grüner Petersilie würzen und die Rollgerste dazugeben. Salzen, abschmecken. Am Herdrand noch eine Viertelstunde ziehen lassen.

Gostilna Ravbar

6221 Dutovlje, Dol pri Vogljah
Telefon (05) 734 61 80

Wirt: Familie Ravbar

Italienisch, etwas Englisch

Geöffnet: 11–16, 18–22 Uhr, Samstag, Sonntag 11–16, 18–23 Uhr, Montag und Dienstag geschlossen

Selten habe ich mich in einem Gasthaus vom ersten Eintreten an so wohl gefühlt wie bei der Familie Ravbar tief drinnen im Karst. Einerseits ist es die Ruhe, die von diesem kleinen Ort ausgeht, andererseits die Herzlichkeit und Freundlichkeit aller Mitarbeiter des Lokales. Es sind Familienangehörige: Der Vater produziert Weine und ist der Landwirt, die Mutter, der Sohn und seine Frau kochen jene hervorragenden Köstlichkeiten, von denen noch zu lesen sein wird, und die Tochter serviert – sie macht dies mit viel

Charme. Im Sommer ist die schattige und luftige Terrasse der Platz zum Genießen. Sonst stehen im Haus mehrere sehr gemütliche Räume zur Verfügung. Etwa 75 Gäste können im Wirtshaus selbst Platz nehmen, die Terrasse kann 30 Personen beherbergen.

Die Küche ist groß, sehr sauber, und das helle Licht, das durch die Fenster strahlt, scheint sich auf die familiäre Kochmannschaft zu übertragen. Mit Begeisterung, Können und mit Liebe wird gekocht und aufgetragen.

Alles beginnt erst einmal mit einem Karstschinken, mit Käse, Oliven, eingelegten Pilzen, mit kleinen, gebackenen Paradeisern und mit gebackenen Salbeiblättern.

Dann folgen Schinken in Teran, eine kräftige Gemüsesuppe mit Gerste, Erdäpfel, Mais und Bohnen, eine Gemüselasagne, Ravioli mit Topfen und Kräuter gefüllt, Gnocchi, Štrukli, ein Schinken-Kräuteromelette, dann kommen erst die Hauptspeisen. Gefülltes Kaninchen, gebratene Ziege – wer da noch mithalten kann, ist gut bei Kondition. Ich empfehle: Für vier Personen von allem jeweils eine Portion bestellen, alle können mitessen, alle werden vor dem Ende des Dargebotenen satt – wetten!

WC: getrennt, sauber

Gebackene Paradeiser

16 Cocktailparadeiser, 4 Eier, Mehl, Salz, Knoblauch

Zuerst aus den Eiern und dem Mehl einen cremigen Teig rühren. Mit Salz und etwas Knoblauch würzen. Die kleinen Paradeiser erst in ganz kaltes Wasser tauchen, abtropfen lassen und in den Teig eintauchen. In Öl herausbacken, Öl abtropfen lassen und zum Wein servieren.

Schinken in Rotwein

16 dag Karstschinken, Olivenöl, ¼ l Terrano Rotwein

Den Schinken in millimeterdünne Scheiben schneiden und in Öl knusprig braten. Dann den Rotwein dazugießen und kurz aufkochen lassen. Gleich servieren. Im Karst offeriert man diese Speise den Arbeitern am Beginn eines kräftigen Mahles.

Gemüselasagne

2–3 Melanzane, 2 Zucchini, 40 dag Ziegentopfen, 4 fleischige Paradeiser, 20 dag Latteria, Salz, Pfeffer

In eine gut befettete Auflaufform schichtenweise dünn geschnittene Melanzane, Topfen, Zucchini, hauchdünn geschnittenen Käse übereinander legen. Paradeiser enthäuten und passieren. Das Paradeismark als oberste Schichte auflegen, mit Parmesankäse bestreuen, Butterflocken darüber legen und im Rohr backen.

Restaurant Primorka

6323 Strunjan
Telefon (05) 678 00 00
Wirt: Zvone Curk und Valter Lapajne
Deutsch, Italienisch
Mitglied von Slow Food
Geöffnet: täglich von 11–24 Uhr, im Winter (November–Ende März) Montag Ruhetag

Das Restaurant Primorka ist zwar architektonisch nicht aufregend, doch liegt es recht schön: in einem mediterranen Wäldchen, wenige Meter vom Ufer der Adria entfernt, in einer Bucht zwischen Piran und Izola. Auf dem Weg zwischen Koper und Portorož zweigt man wenige Kilometer vor Portorož rechts in Richtung Strunjan ab. Kaum einen Kilometer später befindet sich das Restaurant Primorka. Hinweisschilder gibt es genug, daher ist ein Verfehlen schier unmöglich.

Für den Sommer bietet das Primorka nicht nur die große Sitzterrasse, sondern auch einen recht luftigen Wintergarten. Bei kaltem Wetter ist genügend Platz im Hause.

In zwei Meereswasseraquarien werden die Fische und Langusten frisch gehalten. Denn Meeresfrüch-

te und Meeresfisch bestimmen das Hauptangebot des Hauses. Für Gäste, die eher Fleischspeisen lieben, gibt es auch dahingehend keine Probleme.

Über 200 verschiedene Weine liegen im Keller – die meisten aus Slowenien, einige wenige aus anderen Ländern. Darunter befinden sich etliche Raritäten. So wurden vom Winzer Franci Kogl 100 Flaschen eines Weines »Leo Stucer« gekeltert. Leo Stucer ist der älteste noch lebende Olympiasieger. Er wurde 1998 im November 100 Jahre alt.

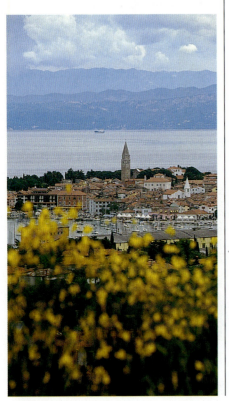

Jede dieser Weinflaschen wurde vom Olympioniken vergangener Tage signiert. Valter, Wirtepartner und Küchenchef, nahm als Mitglied des slowenischen Teams für die Kocholympiade teil und gewann eine Goldmedaille. Das war 1988. In diesem Restaurant muss nicht von der Speisekarte bestellt werden. Als Gast fährt man recht gut, wenn dem Wirt gesagt wird: »Bitte stellen Sie mir ein Menü zusammen.« Es wird ein Erlebnis. Unter Garantie.

WC: getrennt, sauber

Hausgemachte Nudeln mit Hummer

1,2 kg frischer Hummer, 20 dag gehackte Zwiebel, 5 Knoblauchzehen, 30 dag geschälte Paradeiser, ½ dl Olivenöl, 1 dl Weißwein, 1 Löffel Butter, Salz, Pfeffer, Petersilie, 30 dag Spaghetti hausgemacht

Zwiebel in Olivenöl anrösten, den in Stücke geschnittenen, rohen Hummer dazugeben, bis er rot wird. Dann Knoblauch, blanchierte, enthäutete und würfelig geschnittene Paradeiser dazugeben, mit Weißwein aufgießen. Dünsten, damit sich die Soße etwas eindickt. Würzen, etwas Butter und Petersilie beigeben. Die frisch gekochten Nudeln in die Soße geben und bei leichter Hitze fünf Minuten durchziehen lassen. Mit einem guten Weißwein servieren.

Gostišče Delfin

6330 Piran, Kosovelova 4
Telefon (05) 674 11 01
Wirte: Vanda und Zlatko Pašalič
Deutsch, Italienisch
Geöffnet: 11–24 Uhr

Das Delfin gehört zu den köstlichsten Fischadressen der slowenischen Adriaküste. Im Zentrum von Piran. Vom Meeresufer nur einen Steinwurf weit entfernt, in einer Seitengasse ist dieses gute Restaurant, mit einem Gastgarten direkt am Platz vor dem Haus – es ist übrigens der 1.-Mai-Platz (Trg 1. maja). Der Wirt lebt für Fische, man merkt ihm das an. Mit Liebe wird hier gekocht. Doch nicht nur für Fischfreunde, auch für Gourmets, die lieber Fleisch essen, hat Zlatko das richtige Essen parat.

Besonders empfehlenswert sind Risotti, Paste mit Meeresfrüchten und Fisch im Ganzen gebraten oder gegrillt. Da die Buzara an dieser Seite der Adriaküste zuhause ist, wird sie hier natürlich besonders

»gepflegt«. Weiters: Hummer, Scampi, Tintenfische, Branzino – alles vorhanden. Weine werden von Vino Koper und aus der Goriška Brda serviert. Ich habe aber auch Weine aus Jeruzalem–Ormož auf der Karte gesehen.

Das Restaurant ist im italienischen Stil einfach, aber gemütlich eingerichtet. Schön gedeckt, das ist wichtig.

WC: getrennt, sauber

Scampi Buzara

12–16 Scampi, 3 Knoblauchzehen, Petersilie, 2 dl Wein Malvasia, Olivenöl, Zitrone, Paradeismark

Im Öl etwas Knoblauch und Petersilie anrösten, dann die ausgelösten Scampi hineingeben, mit 2 dl Malvasia aufgießen. Wasser, Zitronensaft, ein wenig Pfeffer und etwas Olivenöl beifügen. Die Scampi 5 bis 6 Minuten garen, dann herausnehmen. Die Soße mit Brösel, Butter und Paradeismark abrunden und über die Scampi gießen.

Tintenfischsalat

600 g Tintenfisch, 600 g Miesmuscheln und Steinbohrer, 2 Eier, Olivenöl, 1 Zitrone, Pfeffer, Salz, Petersilie, Essig

Tintenfische putzen und in Salzwasser kochen, bis sich die Haut vom Fleisch löst. Diese abziehen,

Fleisch in kleine Würfel schneiden und in eine Salatschüssel geben.

Muscheln waschen und mit ganz wenig Wasser zugedeckt kochen, bis sie sich öffnen. Vom Herd nehmen, das Muschelfleisch auslösen und zum Tintenfisch geben. Eventuell zwei hart gekochte, klein geschnittene Eier dazugeben. Salzen, pfeffern und mit Weinessig sowie Olivenöl abschmecken. Klein geschnittenes Fruchtfleisch einer Zitrone dazugeben. Gut mischen, kühl stellen und dann servieren.

Restaurant Neptun

6330 Piran, Župančičeva 7
Telefon (05) 674 61 00

Wirte: Bojan Grilj, Slavko Šebrek

Italienisch, Deutsch

Geöffnet: täglich von 11–23 Uhr

Das Neptun ist ein Fischrestaurant mit reicher Tradition, obwohl es erst vier Jahre alt ist. Aber es gibt genügend Stammgäste, die von weit kommen, um hier Fische und Meeresfrüchte zu genießen. Bojan hat das Restaurant mit seinem Freund Slavko errichtet.

Vom Hafen sind es nur wenige Schritte – in einer kleinen, engen Gasse liegt dieses Restaurant. Einige Tische im Inneren, ein paar kleine Tische auf der Gasse. Rund 30 Personen können hier speisen, mehr Platz ist in dem kleinen Lokal nicht. Der Wirt serviert meist selbst, ist ein guter Berater für Speis und Trank und hat immer ein freundliches Lächeln für seine Gäste auf den Lippen.

Die Weine kommen aus der Gegend, aus der Brda und aus anderen Top-Lagen von Slowenien.

Scampi Gnocchi

36 ausgelöste Scampi, ¼ l Fischfond, Cognac, 2 Knoblauchzehen, Petersilie, Salz, Pfeffer, Ricotta, 1/16 l süßer Rahm, Parmesan

Einen Gnocchiteig zubereiten. Öl in eine Pfanne, die Scampi ausgelöst hineingeben, anrösten, ein wenig mit Cognac flambieren, dann etwas Knoblauch und Petersilie dazu. Mit Fischfond aufgießen, süßen Rahm, die Gnocchi hineingeben, salzen, pfeffern und Ricotta dazugeben, und zum Schluss mit etwas Parmesan verfeinern. Drei Minuten kochen, fertig.

Seezungen in Weißwein

2–4 Seezungen, Mehl, Olivenöl, Fischfond, Weißwein, Butter, Salz, Zitrone

Seezunge mit der bemehlten Seite nach unten in Olivenöl anbraten. Wenden. Dann herausnehmen und mit einem guten Weißwein ablöschen, etwas Butter beigeben. Salzen, pfeffern und Fischfond sowie etwas Zitrone einrühren. Den Fisch hineinlegen und fünf Minuten schmoren lassen.

Gostilna Ribič

6320 Portorož, Seča 143
Telefon (05) 677 07 90

Wirtin: Darinka Kosovel

Deutsch, Italienisch, Englisch

Geöffnet: 12–23 Uhr, Dienstag geschlossen, 7. Jänner bis Ende Feber geschlossen

Der »Ribič« am Rande der Salinen gehört zu den ältesten Restaurants von Portorož. Seit 1980 ist es im

Besitze der Familie Kosovel. Es liegt direkt in einem Olivenhain mit sehr alten Bäumen. Leider tragen die Bäume nicht viel, zu starker Frost hat sie vor einem Jahr beschädigt. Der Gast sitzt also unter den Olivenbäumen, genießt den Schatten und das gute Essen. Im Winter stehen drei sehr gemütliche Speiseräume zur Verfügung.

Ribič heißt übersetzt »der Fischer«, daher sind Fische und Meeresfrüchte die Nummer eins auf der Speisekarte. Die Köchin ist schon seit neun Jahren im Haus und die Wirtin ist mit ihr »sehr zufrieden«. Das bekannteste Gericht im Ribič ist das Drachenkopf-Filet. Die Weine sind slowenische Tröpferln aus dem Bereich der Goriška Brda und aus Koper.

Gemischte Muscheln in Buzara

40 dag Muscheln (Vongole, Cozze, Capesante, Capelunghe), 10 dag Scampi, Weißwein, Olivenöl, Knoblauch, Petersilie und 1 EL Paradeiserwürfel

Muscheln in einem Topf mit Olivenöl und Knoblauch erhitzen, mit Weißwein ablöschen. Etwa 8 Minuten kochen lassen, dann Petersilie dazugeben, einen Löffel geschälte Paradeiser und etwas Brösel.

Pfirsichkuchen

Rezept für 8 Personen

25 dag Mürbteig, 4 Pfirsiche, 2 Eier, 1,5 dl Milch, 1 dl süßer Rahm, Vanillezucker, 1EL Zucker, Staubzucker

Mürbteig ausrollen, auf ein befettetes Blech legen. Mit in Stücke geschnittenen Pfirsichen belegen. Dann einen Überguss mit Milch, Eiern, süßen Rahm, Vanillezucker und Zucker (alles gut rühren) herstellen und darübergießen. Im vorgewärmten Rohr bei 220 Grad 45 Minuten backen. Mit Staubzucker bestreuen und warm servieren.

Restaurant »Marina«

6320 Portorož, Cesta Solinarjev 8
Telefon (05) 647 13 17, Fax 647 15 10

Direktor: Herman Terčon

Geöffnet: täglich 8–23 Uhr, Winter Dienstag Ruhetag (außer Feiertag)

Der Jachthafen von Portorož ist für jene Zeitgenossen, die sich höchstens ein Auto und das Hotelzimmer leisten können, ein Grund, bei einem Bummel über die einzelnen Stege die reiche Welt der Boote, Hobbyreeder und Freizeitkapitäne kennen zu lernen. Mit jedem der meist wunderschönen Boote steigert sich der Traum von der weiten Welt, der rauen See und der romantischen Buchten. In dieser bunten Welt der Schiffe hat der Eigner des Hafens ein großes Restaurant errichtet. Es soll den Skippern immer wieder Lust machen, vor Anker zu gehen und sich den kulinarischen Genüssen hinzugeben.

Daher ist die Küche international mit sehr starken italienischen Einflüssen. Das merkt man bei den Antipasti und bei den Primi piatti. Sehr viele Meeresfrüchte und Fische, aber auch Fleischspeisen werden angeboten.

Die Weine sind jene, die Slowenien bietet. Aus privaten Weinkellereien und aus den großen Kellereien.

Das Gästeklientel ist praktisch europäisch: Italiener, Deutsche und Österreicher. Und stammt natürlich auch aus anderen Ländern, doch sind diese Gäste stark in der Minderzahl.

1982 wurde die Marina eröffnet, und seither gibt es dieses Restaurant. Vier Köche arbeiten schon seit dem Eröffnungstag hier, auch die meisten Kellner gehören zur Mann-

schaft der ersten Stunde.

Im Restaurant sind 140 Plätze und auf der Terrasse 120 Plätze. Das Haus bietet auch zehn Zimmer an.

Im Restaurant befindet sich auch ein großer Raum für die Yachtclub-Aktivitäten – ein Treffpunkt für die Mitglieder. In diesem Raum können auch kleinere Banketts abgehalten werden.

WC: getrennt, sehr gepflegt und sauber

Carpaccio vom Branzin

Frischer Branzin 2 Stück à 500 g, Olivenöl, Salz, gemischter Pfeffer, Zitrone

Branzin putzen, gut waschen. Feine Filets schneiden und 12 Stunden in die Öl-Pfeffer-Zitronen-Marinade legen. Auf Rucolasalat servieren.

Meeresfrüchte mit Pistazien

150 g Calamari, 150 g Scampi, 150 g Tintenfische, verschiedene Muscheln, 30 g Pistazien, Zitrone, Salz

Alle oben genannten Meeresfrüchte nudelig schneiden (außer Scampi), in geriebenen Pistazien wälzen und am Grill braten. Salzen und mit Zitronensaft beträufeln.

Weitere Empfehlungen:

Gostilna Jazbec

6222 Štanjel, Tupelče 12
Telefon (05) 769 10 60, Fax 769 10 60
Geöffnet: nach Vereinbarung

Dieses Slow-Food-Restaurant, besser gesagt: Gasthaus, gehört zu den feineren Gaststätten des Landes. Sehr viel Kreativität, sehr viel Bodenständigkeit, auf Qualität und Sauberkeit bedacht – hier stimmt wirklich alles. Auch die Lage im Karst. Das Wirtshaus befindet sich auf dem Weg von Štanjel nach Kobjeglava. Nur eigene Weine werden angeboten. Darunter auch ein Sekt aus Teran, names Château Intanto. Da der Wirt passionierter Jäger ist, finden sich im Speiseangebot etliche Wildgerichte. Manchmal gibt's sogar eine Bärenpastete oder einen kalten Bärenbraten. Sonst überwiegen Angebote der Saison. Die Gostilna ist ein Schmuckstück. Der Garten besonders schön. Warum wir kein Bild davon bringen? Die Wirtsleute wollten es nicht.

Restaurant Grad Socerb

6275 Črni kal, Socerb 7
Telefon (05) 659 23 93
Geöffnet: nach Vereinbarung

Die Burg Socerb thront im Karst über der Bucht von Triest. Sie ist von Koper über Črni kal erreichbar – nicht zu verfehlen, weisen doch Schilder den Weg dorthin. Es ist ein elegantes Burgrestaurant, das von Triestinern ebenso gerne besucht wird wie von Slowenen. Daher empfiehlt es sich, sein Kommen telefonisch anzukündigen. In den Gemäuern der Burg ist auch eine Vinothek untergebracht. Hier kann verkostet und gekauft werden. Gekocht wird nach Art der Adria-Küche. Es werden aber immer wieder Gerichte aus anderen Teilen Sloweniens sowie Speisen aus der internationalen Küche angeboten.

Gostilna za Gradom/Rodica

6000 Koper–Smedela, Kraljeva 10,
Telefon (05) 628 55 05
Geöffnet: nach Vereinbarung

Diese Trattoria – wie sie sich für italienische Gäste nennt – liegt im Stadtteil Semedela, auf dem Weg Richtung Izola. Fische, Muscheln, Meeresfrüchte – die Küche bietet eine Fülle von mediterranen Spezialitäten. Natürlich wird auch bodenständig slowenisch gekocht. Suppen im Brottopf beispielsweise, Potizen und so weiter. Die Gäste zieht es aber in erster Linie wegen Scampi, Calamari, Seezunge oder Fischsuppe in dieses Lokal. Platz ist für etwa 30 Gäste im Lokal und für etwa 40 Gäste auf der Terrasse. Da das Haus in hügeliges Gelände gebaut ist, sitzt man im Gastgarten wie auf einem Balkon des ersten Stockwerkes.

Ljubljana
und seine Umgebung

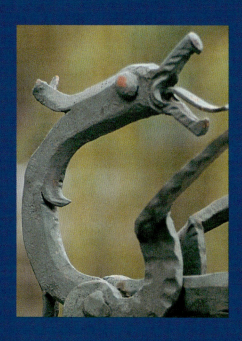

Der Zerfall Jugoslawiens hat Ljubljana (Laibach) zu einer der Hauptstädte Europas werden lassen. Zwar hat die Stadt nur knapp 300.000 Einwohner, aber alle Vor- und Nachteile einer Metropole: zu viele Autos, zu wenig Parkplätze, zu hohe Wohnungs- und Büromieten, zu rascher Anstieg aller Infrastrukturkosten – und doch bietet Sloweniens Hauptstadt, was viele andere Metropolen nicht haben. Sie ist überschaubar, sie ist familiär und übersichtlich. Sie ist eine Stadt, die man trotz Verkehrslawinen rasch erreicht und auch wieder verlassen kann. Und sie ist eine Kulturstadt sowie ein kulinarisches Zentrum. Letzteres ist erst im Aufbau begriffen. Dass Ljubljana seit 1919 bereits eine eigene Universität besitzt, hat dem geistigen Leben immer gut getan. Ljubljana, das ist auch interessant, ist nicht nur politischer, wirtschaftlicher und kultureller Mittelpunkt des Staates, die Stadt ist auch beinahe das geographische Zentrum Sloweniens – gut und gerecht ausgesucht.

Emona, diesmal kein Hotel

Den geographischen Mittelpunkt haben weder Regierung noch Wirtschaftskapitäne oder High Society festgelegt. Da waren nämlich die Römer, nein, sogar die Illyrer schneller. Die hatten in den Sümpfen dieser Gegend ein Pfahldorf eingenommen (das gab es bereits 2000 vor Christus). Das Dorf im Sumpf war interessant, da sich hier Transit von Nordost nach Südwest entwickeln konnte. Im ersten Jahrhundert kamen die Römer, nahmen die Siedlung im Flug und erteilten ihr auch gleich einen Namen: Aemona. Mit dem Namen wurde die Kolonie plötzlich berühmt. Wer sollte denn auch von Norden, Osten oder Westen in ein namenloses Etwas reisen? Was jetzt geschah, bezeichnet man im Geschichtsunterricht als das »Entstehen eines blühenden Handels«. Es war nicht schlecht, dass Aemona (Emona) an der Bernsteinstraße lag. Ein Verkehrsknotenpunkt zu sein, hat einer Siedlung immer schon Wohlstand gebracht. Als dann die Völkerwanderung Europa durcheinanderwirbelte, blieb Emona von den Wirren nicht verschont. Die Siedlung wurde niedergewalzt. Der Name Emona ist geblieben: Hotels, Firmen und Kaffeehäuser heißen heute noch so.

Erst gegen Beginn des 2. Jahrtausends wanderten die Slowenen ein, sie gehörten zu einem slawischen Stamm. Für sie war die Gegend

nicht nur schön, sondern strategisch wichtig. Auch wirtschaftliche Gründe waren für die Besiedelung nicht unwesentlich. 1122 wird die Siedlung – da stand das Land unter der Herrschaft der deutschen Kaiser – als Leybach erstmals erwähnt. Fast ein halbes Jahrtausend mussten die Slowenen die Habsburger als Herrscher erdulden, dann auch noch Napoleon, später wieder die österreichisch-ungarische Monarchie. Seit dem Zweiten Weltkrieg war Ljubljana Hauptstadt der jugoslawischen Teilrepublik Slowenien – bis 1991 als Jugoslawien zerfiel und Slowenien als eigener Staat seine Unabhängigkeit erlangte.

An dieser Stelle ist nur Platz für Geschichte im Zeitraffer, doch beim Bummel durch die Altstadt sollte man sich die historische Entwicklung der Stadt schon ein wenig vor Augen halten, um sie verstehen zu können.

Kulinarisch? Da hat die Stadt Laibach etwas, um das sie viel, viel größere Städte beneiden müssten:

Gemüse, Obst, Käse und Fisch

Der Marktplatz liegt zwischen den drei Brücken, die vom Prešernov trg zum Mestni trg führen (die zwei Fußgängerbrücken wurden 1931 durch Architekt Jože Plečnik zur bestehenden Steinbrücke aus dem Jahre 1842 errichtet) und der sogenannten Lindwurmbrücke. Unter den Plečnik-Arkaden stehen zwei Kräuter- und Gewürzstände. Es sind alte Frauen, die in Leinensäcken die herrlichsten Kräuter und Gewürze feilbieten: alles was die Apotheke Gottes bietet, alles was zur Zubereitung auch ausgefallener Speisen an Gewürzen notwendig ist. Alleine das Schauerlebnis ist schon ein Gedicht. Gegenüber stehen die Obsthändler, dahinter ein kleiner Platz, wo die kleinen Genüsse bei meist alten Frauen gekauft werden können: Pilze, Beeren, Honig, Gartenblumen, Wiesenkräuter. Von diesem kleinen Platz geht es dann weiter in Richtung großer Marktplatz. Dort bieten viele Bauern und Bäuerinnen ihre Feld- und Gartenprodukte an. Die Auswahl ist derart vielfältig, qualitätvoll und sauber, dass man sich genügend Zeit nehmen sollte, um einen beschaulichen Bummel durch die Reihen der Markt-Stände zu unternehmen.

Das ist aber noch nicht alles: Zwischen den beiden oben beschriebenen Märkten befindet sich noch eine große Halle, in der Gebäck, Fleisch, Käse, Topfen, Rahm, die verschiedensten Mehlsorten, Korn, Mais, Gerste, Roggen, Buchweizen, Nüsse und vieles mehr angeboten werden. Der Eindruck auch hier: Sauberkeit, Übersichtlichkeit und viel Qualität – der Bauer als Profihändler.

Im lang gezogenen Bau des Jože Plečnik, der auf seiner Rückseite zum Fluss Ljubljanica abfällt, wird im Untergeschoss von Montag bis Samstag ein Fischmarkt abgehalten. Mehrere professionelle Fischhändler haben hier ihre Stände und bieten sehr schöne und frische Ware an. So mancher Fisch kommt gefroren in die Halle. Ich meine: Frisch gefrorener Fisch ist immer noch besser als frischer Fisch, der einen Tag und eine Nacht unterwegs ist! Alle gängigen Adriafische gibt es hier zu kaufen. Auch Scampi aus dem Kvarner südlich von Rijeka, Muscheln wie Cozze oder Vongole und Capesante. Sardinen, Seezungen, Orate und Branzini (die werden wohl aus Meerwasserzuchtbecken kommen). Man bekommt unweigerlich Appetit auf ein Fischmenü.

Der erste Gusto kann gleich in der Halle selbst gestillt werden. In einem kleinen Restaurant werden gebackene Sardinen, Calamari fritti und Scampi angeboten. Es schmeckt frisch, nicht ölig und schon gar nicht nach abgestandenem Fett. Dazu ein Malvazija – Herz, was willst du mehr!

Schanigärten

Ljubljana besitzt den Vorteil, an einem Fluss zu liegen (eigentlich sind es zwei: außerhalb der Stadt fließt die Sava vorbei). Was der Beislszene gut tut: Rechts und links der Ljubljanica hat sich im Bereiche der Altstadt eine interessante Lokalkultur entwickelt. Schanigärten – einer nach dem anderen, mit vielen jungen Leuten, es ist südländisches Flair erlebbar. Auch zwischen den barocken Bürgerhäusern haben sich auf den Straßen die Wirtshäuser bis auf die Gehsteige ausgeweitet. Straßencafés und Restaurants wechseln sich ab – auch in der Qualität: von »toll« bis »geht gerade noch«. Ein ähnliches Zentrum mit Straßencafés und Gasthäusern hat sich auch entlang der Eipprova gebildet. Dort mündet ein Bach in die Ljubjanica. Alte, niedere Häuser, davor breite Gehwege, die zu Schanigärten umfunktioniert werden – einem schönen Sommer in Laibach steht nichts im Wege. Nicht jeder aus der Stadt kann schließlich an das Meer fahren.

Die Stadt bietet auch von oben einen genussvollen Blick: Am Burgberg befindet sich in der Burg (Magistrat) unter anderem auch ein Gasthaus – mit Sicht auf die Dächer der Stadt.

Das Ausflugsgasthaus am Land vor der Stadt

Wie in jeder Stadt, so hat sich auch am Land rund um Ljubljana eine Wirtshauskultur entwickelt. In der weiten Ebene im Norden, nahe dem Flughafen, wird viel Landwirtschaft betrieben. Dort sind die Erdäpfelbauern zuhause, die zum Einkaufen auf den Bauernhof laden. Wo »Krompir« zu lesen ist, können Erdäpfel gekauft werden. In dieser landwirtschaftlich gut entwickelten Region gibt es auch genügend »Landgasthöfe« – mit deftiger Kost und Portionen, die sich sehen lassen können.

Ähnliches kann man natürlich auch im Süden der Stadt in Richtung Vrhnika finden, hier sind ebenfalls etliche gute Landgasthäuser zu Pilgerstätten der städtischen Genießer geworden.

Die internationale Weinstadt

Ljubljana ist Messestadt, und eine der publikumswirksamsten und interessantesten Messen ist die »Vino Ljubljana« – eine internationale Weinmesse, bei der zuvor eine Fachjury Weine bewertet und die begehrten Gold-, Silber- und Bronzemedaillen vergeben werden. Die Siegerweine sind ausgestellt und können auf den einzelnen Ständen verkostet werden.

Das Weinland Slowenien will sich mit dieser Messe auch international präsentieren und vergleichen. Daher sind praktisch alle wichtigen Winzer und Kellereigesellschaften mit dabei.

Neben Slowenien haben 1998 weitere 27 Staaten Weine in Laibach ausgestellt. Die Stadt darf sich in solchen Tagen mit Fug und Recht »Welthauptstadt des Weines« nennen.

Wir besuchen:

Gostilna Kovač, Ljubljana, Tomačevo
Gostilna Fortunat, Ljubljana, Eipprova 1
Gostilna As, Ljubljana, Knafljev prehod
Restavracija Rotovž, Ljubljana, Mestni trg 4
Gostilna Krpan, Ljubljana, Ob Ljubljanici 24
Gostišče »Pri Poku«, Brezovica
JB, Ljubljana
Hotel Krona, Domžale
Restavracija Monroe, Ljubljana, Miklošičeva 28
Vinoteka, Ljubljana, Dunajska 18

Gostilna Kovač

6100 Ljubljana–Tomačevo
Pot k Savi 9, Telefon (01) 537 12 44
Fax 563 16 39, www.kovac-co.si
e-mail: info@kovac-co.si

Wirte: Familie Kovač

Deutsch, Englisch, Italienisch, etwas Französisch

Geöffnet: 12–22 Uhr, Samstag, Sonntag geschlossen

Das »Kovač« gehört zu den ältesten und traditionsreichsten Landgasthäusern des Raumes Ljubljana. Die ganze Familie ist hier engagiert: die Eltern, die Tochter und der Sohn.

Der Weg zum »Kovač« ist auf den ersten Blick etwas kompliziert. Erst fährt man vom Zentrum in Richtung Messe, dann die erste Straße nach rechts und von dort in Richtung Friedhof. An diesem geht's vorbei in den Ort Tomačevo, wo schon Tafeln auf das Gasthaus hinweisen. Das Wirtshaus ist im Landhausstil errichtet. Zwei Speiseräume, eine wunderschöne überdachte Terrasse – wie unter Arkaden sitzt man hier und lässt sichs gut gehen – ein sogenanntes bürgerliches Gasthaus. Stammgäste kennt man nicht nur aus Slowenien, sondern auch aus Kärnten und Friaul-Julisch Venetien.

Die Küche ist absolut gut. Alles hausgemacht, Fleisch und Fisch wird bei den besten Lieferanten eingekauft. Die Steaks sind groß vor allem das T-bone-Steak. Die Platte mit Schinken, Käse und Kren ist eine Wucht. Gerne wird in diesem Gasthaus die »Kovač«-Platte bestellt: große Kulinarik für vier Personen, mit Pilzen, Tintenfischen, Scampi, Schnecken und Froschschenkel. Zu den Scampi wird eine kleine Schüssel Wasser zum Reinigen der Finger gereicht – eine kleine, aber wichtige Aufmerksamkeit.

Als Nachspeise ist unter anderem die Sachertorte zu empfehlen.

Die Weinauswahl ist auch beachtlich: natürlich nur slowenische Kreszenzen. Was beim »Kovač« auch gefällt: sehr freundliches Service, die junge Wirtin ist charmant, sympathisch und auch fesch. Lieber Gast, was willst du mehr?

Zum Abschied erhält jeder Gast ein Stamperl Zwetschkenschnaps, in den eine gedörrte Pflaume eingelegt wurde.

WC: getrennt, sauber

Gerollte Kalbsschulter

1 kg Kalbsschulter, Salz, Öl
Fülle: 2 dünne Palatschinken, 5 dag nudelig geschnittener Speck, 2 zerkleinerte Paprika, Karotte, Zwiebel und Petersilie

Die Schulter wie ein großes Schnitzel zuschneiden, dann pfeffern und salzen. In die Mitte des Schnitzels Palatschinken, Speck, Paprika, Karotte, Zwiebel und Petersilie legen. Das ganze zusammenrollen und -binden, mit Öl beträufeln und bei 230 °C im Backrohr schmoren. Hin und wieder mit heißem Wasser bzw. dem entstandenen Bratensaft begießen. Gemeinsam mit dem

Fleisch können in Scheiben geschnittene Erdäpfel mitgebacken werden.

Pilzrisotto

2 Schalotten, 400 g Pilze, 4 Schöpflöffel Rundkornreis, Salz, Pfeffer, Petersilie, ⅛ l Weißwein, ½ l Rindsuppe, Olivenöl, Butter, Parmesan

Die Schalotten kleinschneiden und in Olivenöl anschwitzen. Die blättrig geschnittenen Pilze dazugeben und mitrösten lassen. Dann den Reis dazugeben und ebenfalls etwas rösten lassen. Mit Weißwein ablöschen und dann nach und nach Rindsuppe eingießen. Salzen, pfeffern und gegen Ende der Garzeit mit Butter und Parmesan verfeinern. Etwas ziehen lassen, vor dem Servieren mit Petersilie bestreuen.

Schafskäse-Ravioli

Teig: 400 g Mehl, 1 Ei, Salz, Wasser
Fülle: 200 g Schafskäse, 2 Eier, süßer Rahm, frische Kräuter

Erst aus den oben genannten Zutaten einen Teig kneten und rasten lassen. Dann dünn ausrollen und mit einem aufgeschlagenen Ei bestreichen. Etwa 8 Zentimeter breite Streifen schneiden. Auf der einen Hälfte der Streifen die Fülle (die zuvor gut gemischt wird) in kleine Häufchen setzen. Dann die andere Seite des Teiges darüberschlagen. Gut andrücken und die Ränder ausradeln. In Salzwasser köcheln und mit heißer Butter und geriebenem Käse servieren.

Gostilna Fortunat

1000 Ljubljana, Eipprova 1/a
Telefon (01) 283 52 94

Wirtin: Dunja Vodopivec

englisch, italienisch, deutsch

Geöffnet: 12–23 Uhr,
Sonntag Ruhetag

Die Gäste kommen vor allem wegen der Pasta und der Gnocchi di patate, der Erdäpfelknödel (domače njoke), die im Haus gemacht werden: Das »Fortunat« in Laibach besitzt eine starke Affinität zur italienischen Küche. Die Lasagne kann italienischer nicht sein, so ähnlich verhält es sich auch mit den anderen Nudelgerichten des Hauses. Natürlich kann im Restaurant auch Fisch oder Fleisch gegessen werden. Die Speisekarte bietet verschiedenste Möglichkeiten aus der italienischen Küche. Die Salate sind frisch, knackig. Alles von hoher Qualität.

Das »Fortunat« strahlt, wie der Name schon sagt, Fröhlichkeit aus. Die überträgt sich von der charmanten Wirtin auf das sehr gute Personal bis hin zu den Gästen.

Im »Fortunat« wird der Gast in einem Speiseraum bewirtet. Hier haben etwa 70 Personen Platz. In der warmen Jahreszeit wird auf der Terrasse serviert. Platz ist hier für etwas mehr als 30 Personen. Im ersten Stock steht auch ein Stüberl für Gruppen, private Feiern oder Bankette zur Verfügung.

Die Gostilna ist vom Zentrum mit einem zehnminütigem Fußmarsch erreichbar. Am besten die Ljubljanica entlang, und zwar gegen die Strömungsrichtung auf der rechten Seite bis zur Einmündung der Gradaščica. Dort am Ufer hat sich eine Kneipenszene entwickelt. Viele junge Leute, etliche Lokale, in denen im Freien, zur Straße hin, gesessen werden kann. Eines dieser Häuser ist das »Fortunat«. Das Gasthaus ist bereits 100 Jahre alt und war einst ein Landgasthaus am Rande der Stadt.

WC: getrennt, sehr sauber

Erdäpfelknödel mit Scampisoße

1 kg Erdäpfel, Mehl (nach Bedarf), 2 Eier, Salz, 1 EL Butter, 40 g ausgelöste Scampi, Olivenöl, Weißwein, Petersilie, ⅛ l süßer Rahm, Bechamel, Parmesan

Die Erdäpfel kochen, schälen und noch warm pressen. Zwei Eier, aufgelöste Butter und etwas Mehl dazugeben, mischen, bis ein geschmeidiger Teig entsteht. Salzen, noch einmal kneten und dann daumendicke Rollen formen. Davon kleine Stücke abschneiden und diese in Salzwasser so lange köcheln lassen, bis sie an der Wasseroberfläche schwimmen.

Für die Soße Olivenöl in einer Pfanne heiß werden lassen, die Scampi darin anrösten. Mit Weißwein ablöschen und mit feingehackter, grüner Petersilie würzen. Dann den süßen Rahm und die Bechamel dazugeben, umrühren und kurz vor dem Servieren mit Parmesan verfeinern.

Die Erdäpfelknödel (die Italiener sagen Gnocchi dazu) auf Teller legen und mit der Soße übergießen.

Gemüselasagne

2–3 Melanzane, 2 Zucchini, 40 dag Ziegentopfen, 4 fleischige Paradeiser, 20 dag Latteria, Parmesan, Butter, Salz, Pfeffer

In eine gut befettete Auflaufform schichtenweise dünn geschnittene Melanzane, Topfen, Zucchini, hauchdünn geschnittenen Käse über einanderlegen. Paradeiser enthäuten und passieren. Das Paradeismark als oberste Schicht auflegen, mit Parmesankäse bestreuen, Butterflocken darüber legen und im Rohr backen.

Gostilna As

*1000 Ljubljana, Čopova 5a
(Knafljev prehod)
Telefon (01) 125 88 22
Fax 125 87 88
e-mail: gostlina.as@siol.net*

Wirte: Familie Raspopovič

Deutsch, Italienisch, Englisch

Geöffnet: täglich 9–24.00 Uhr, kein Ruhetag

Manche Laibacher meinen, das »As« wäre der Trumpf aller Restaurants in der Hauptstadt. Auf alle Fälle ist es jenes Restaurant, das am exklusivsten eingerichtet ist. Das »As« liegt zwischen der Ljubljanska und der Slovenska cesta in einem sehr idyllischen Hinterhof. Mit enormen Aufwand hat die Familie Raspopovič das Haus renoviert, in die Gewölbe ein schönes Restaurant hineingebaut. Mit Stilmöbel ist der Speiseraum sehr elegant ausgestaltet, rustikal hingegen der Schankraum. Auf einer großen Terrasse vor dem »As« treffen sich die jungen Laibacher, ein kommunikatives Haus also. Der Wirt ist ein engagierter, risikofreudiger Unternehmer. Er besitzt die Ruhe des Slowenen und das Feuer des Italieners. Sein Sohn, »er denkt und handelt immer konträr zu mir«, führt im Keller des Hauses ein altenglisches Pub (überaus originell eingerichtet), die Tochter das Restaurant – insgesamt sind es vier Lokale unter einem Dach: das tolle Restaurant, das Pub, ein Spaghetti-Bistro und ein Café – da kann nur eine tüchtige Familie dahinter stecken.

Feines Porzellan und schöne Gläser stimmen auf das Kommende bestens ein: die besten Weine des Landes, tolle Weine des Nachbarn Friaul. Berühmt ist das »As« für seine Vorspeisen. Das Fisch-Carpaccio auf Rucola ist ein herrlicher Menübeginn. Platten mit Meeresfrüchten finden sich hier ebenso wie regionale Spezialitäten. Aber es überwiegt die mediterrane Küche mit starken italienischen Einflüssen. Die Nachspeisen reihe ich in die Abteilung »ein Gedicht« ein: Im Sommer eine Torte aus Bisquit mit Waldfrüchten, Eiklar, ohne Zucker. Eine Verführung für Kalorienbewusste. Das Eis wird im Haus erzeugt, es schmeckt ebenfalls ausgezeichnet.

Die Familie Raspopovič hat zehn Jahre im Karst ein Restaurant geführt und dann den Weg in die Hauptstadt gewagt. Der finanzielle Einsatz war enorm. Es bleibt zu hoffen, dass auch der Ansturm der Gäste dem Ambiente gleichzieht. Dann ist der Erfolg sicher.

Der Schmetterling ist das Symbol des Restaurants: beschwingt und leicht soll der Gast nach einem wunderbaren Mahl nach Hause fliegen.

WC: getrennt, elegant, sauber

Risotto nero

350 g Reis, 400 g Calamari, Fischsuppe, 50 g Butter, 0,5 dl Weißwein trocken, Zwiebel, 1 Knoblauchzehe, Lorbeerblatt, Petersilie, 1 Karotte, Salz und Pfeffer

Die Calamari waschen, die Tintenblase durch ein Sieb entleeren, zur Seite stellen und die Tintenfische in kleine Streifen schneiden. Zwiebel klein schneiden und mit Knoblauch in heißer Butter anschwitzen. Die Tintenfische dazugeben, salzen, pfeffern und mit Weißwein ablöschen. Ist der Wein leicht verduns-

tet, wird die Tintenflüssigkeit dazugegeben und zehn Minuten geköchelt. Dann den Reis beimengen, ein Lorbeerblatt dazugeben und langsam immer wieder mit Fischsuppe aufgießen. Der Reis muss schön aufquellen. Nach 20 Minuten ein Stück Butter und gehackte Petersilie beimengen. Das Feuer ausschalten und den Reis einige Minuten zugedeckt ziehen lassen.

Spaghetti mare e monti

400 g Spaghetti, 300 g Muscheln Vongole, 150 g geschälte Flusskrebse, 30 g getrocknete Pilze, Paradeiser, ½ Zwiebel, Knoblauch, Petersilie, Pfefferoni, Olivenöl und Salz

Die Pilze mindestens 12 Stunden in etwas lauwarmes Wasser legen. Die Muscheln waschen und in wenig Wasser so lange kochen, bis sie aufspringen. Dann abseihen und das Fleisch von den Muscheln trennen. Die Flusskrebse in wenig Salzwasser vier Minuten kochen. Die Paradeiser enthäuten, die Kerne entfernen, passieren und durch ein Sieb streichen. In Olivenöl fein geschnittene Zwiebel und Knoblauch anrösten, die passierten Paradeiser dazugeben und die Pfefferoni ebenfalls feinst geschnitten beimischen. Die Pilze klein hacken und dazugeben. Auf kleiner Flamme alles 20 Minuten kochen. Einige Minuten vor Ende der Kochzeit die Muscheln und das Krebsfleisch dazugeben. Ganz zum Schluss die al dente gekochten Nudeln zur Soße geben, mischen und servieren.

Restavracija Rotovž

1001 Ljubljana, Mestni trg
Telefon (01) 251 28 39
Fax 251 28 44,
www.kompas.si/magistrat
e-mail: magistrat@kompas.si

Wirt: Kompas

Geschäftsführer: Edvard Smuk

Deutsch, Englisch, Italienisch

Mitglied der Alpen-Adria-Wirtshäuser

Geöffnet: 11–24 Uhr

Wie der Name schon verrät, das Rotovž liegt direkt neben dem Rathaus der Stadt Laibach und würde in Österreich oder Deutschland unweigerlich als »Rathauskeller« bezeichnet werden. Es ist seit vielen Jahren eine Top-Adresse für gutes slowenisches Essen in der Hauptstadt dieses Landes.

Die Speiseräume liegen ebenerdig – also weg mit der Bezeichnung »Keller« – und sind zweckmäßig eingerichtet. Das einstige exklusive Interieur hat im Laufe der Zeit ein wenig Abnützungserscheinungen erhalten. Was von der Küche allerdings nicht gesagt werden kann. Hier wird nach guter, traditioneller Schule alles geboten, was an Klassikern der internationalen und der slowenischen Küche beliebt ist. Wobei hier die Erfahrung und die internationale Ausbildung des Wirtes Edvard Smuk schon ein Bollwerk wider die Mittelmäßigkeit darstellt.

Das Personal ist überaus gut geschult, freundlich und perfekt.

Im Sommer benützt der Gast selbstverständlich die Terrasse des Hauses. In Laibach ist das der Platz Nummer eins: Direkt am Nabel der Stadt zu sitzen, alles beobachten zu können (wer spaziert vorbei, welche Pärchen stellen sich vor dem Standesamt an?) und selbst gleich entdeckt und erkannt zu werden, das ist schon was! Natürlich entdeckt man hier auch immer wieder prominente Gäste.

Dafür sorgen nicht nur die gute Küche, sondern auch die phantastischen Weine. Was an Winzern Rang, Namen und Qualität hat, wird offeriert. Auch unterschiedliche Jahrgänge finden sich in diesem Angebot.

WC: getrennt, einfach, sauber

Bertram-Potize

Teig: 50 dag Mehl, 2,5 dag Germ, 60 dag Butter, 2 Eigelb, 8 dag Zucker, 2,5 dl Milch, 1 EL Rum, Prise Salz, Vanillezucker, Zitronenschale
Fülle: 8 dag Margarine, 3 Eigelb, 10 dag Zucker, Estragon (Bertram), 2 Eiweiß, 8 dag Brösel, 2 dl süßer Rahm

Erst mit Germ, etwas Mehl, 0,5 dl Milch das Dampfl (Vorteig) zusetzen. In der Wärme gehen lassen. Wenn es aufgegangen ist, zum durchgesiebten, leicht temperierten Mehl geben. Butter, Zucker, Eigelb, Vanillezucker, Zitronenschale schaumig rühren und ebenfalls unterrühren. Teig salzen. Warme Milch dazugeben und den Teig so lange schlagen, bis er glatt wird. Er muss sich vom Geschirrrand und vom Kochlöffel lösen (oder mit der Teigmaschine rühren).

Mit Mehl bestreuen und mit einem Tuch zudecken. Warm stellen, bis er schön aufgeht. Das Volumen sollte sich mindestens verdoppeln.

Den aufgegangenen Teig auf ein bemehltes Tuch legen. In Form eines Rechteckes einen Zentimeter dick ausrollen. Die Fülle (siehe unten) gleichmäßig auftragen und mit gehacktem Estragon (Bertram) bestreuen. Danach den Teig vorsichtig und dicht zusammenrollen und in eine befettete und mit Bröseln beschichtete Form geben. Noch einmal warm stellen und aufgehen lassen. Jetzt erst ist die Form voll. Mit einer Stricknadel Löcher einstechen, mit aufgeschlagenem Eiweiß bestreichen und bei mittlerer Hitze eine Stunde backen.

Fülle: Margarine schaumig rühren, das Eigelb dazugeben, Brösel, Rahm und die Hälfte des Zuckers beimengen. Gut rühren und den Schnee vom Eiweiß mit dem restlichen Zucker unterheben.

Honig-Käse

200 g Ziegenkäse, 3 EL Honig, grüner Pfeffer

Dieses Rezept hat Dr. Anton Jančar, der Bienenhofmeister am kaiserlichen Hofe in Wien, 1775 erfunden: den besten Ziegenkäse in Honig tauchen, Pfeffer darüber streuen und essen.

In unserem Fall wird der Ziegenkäse in dünne Scheiben geschnitten und auf Teller gelegt. Dünn mit Honig begießen und dann frisch geschrotteten grünen Pfeffer von der Mühle darüber streuen.

Gostilna Krpan

1000 Ljubljana, Ob Ljubljanici 24
Telefon (01) 524 28 82

Wirt: Darko Simončič

Englisch, Deutsch

Geöffnet: 12–24 Uhr, Sonntag Ruhetag

Dieses Restaurant gehört zu den besten, die Ljubljana zu bieten hat. Es liegt in einem Vorort der Stadt, ist aber nicht allzu schwer zu finden. Das Haus besteht seit 1917, wurde in den 60er Jahren restauriert und vom derzeitigen Besitzer 1992 übernommen. Von außen ist es durch seine rotbraune Farbe leicht zu erkennen. Zur Straße hin öffnet sich eine kleine Terrasse – sozusagen das Kaffeehaus. Überwältigend ist der Garten: gestaltet in der Art eines römischen Atriums, sehr stimmungsvoll und gemütlich. Im Garten steht auch der Griller, auf dem Fisch nach dalmatinischer Art gegrillt wird. Der Wirt ist ein fescher, blonder, großer Mann – und sehr kompetent in seinem Fach.

In Laibach ist dies jenes Restaurant, das das größte Fischangebot besitzt. Der Fisch kommt frisch von der Adria. Es gibt auch Fleischspeisen, doch die Gäste kommen in erster Linie wegen der Fische ins »Krpan«. Obschon die Küche dalmatinisch angehaucht ist, versprüht dieses Restaurant doch sehr stark italienisches Flair. Es kommen auch genug Gäste aus Italien, um hier Fisch zu speisen.

In der kalten Jahreszeit ist das Atrium natürlich geschlossen, da sitzt und isst es sich ebenso gut im ersten Stockwerk. Hier gibt's einen Speiseraum, ein kleines und größeres Extrastüberl – Platz für 100 Personen. Es wird hier gut gekocht, das kann ohne Bedenken versprochen werden. Das Fischcarpaccio beispielsweise ist berühmt. Wegen der Muscheln kommen so manche Gourmets von weit her. Was die Weinauswahl anlangt, ist das »Krpan« ebenso qualitätvoll: zahlreiche Spitzenweine des Landes werden angeboten. In der Innenstadt von Ljubljana besitzt Darko außerdem den Night Club »Marco Polo« – eine seriöse, gute Adresse.

WC: getrennt, sauber

Austern mit Zitrone

12–16 Austern, 2 Zitronen

Austern werden roh serviert. Sie müssen aus sauberen Gewässern stammen. Leicht erkennbar ist das am Fleisch: Es soll fest sein und besitzt eine grauweiße Farbe. Frisch geöffnete Austern riechen angenehm salzig nach Meer.

Vor dem Öffnen die Austern waschen. Beim Öffnen achten, dass keine Flüssigkeit austritt. Mit Zitronenspalten am Teller anrichten. Die Muscheln mit Zitronensaft beträufeln und aus dem Gehäuse »schlürfen«.

Gefüllte Calamari

2 Calamari pro Person, 100 g Karstschinken, Olivenöl, 200 g Schafskäse, Brösel, Weißwein, Petersilie, Salz, Pfeffer

Calamari putzen und waschen. Den Schinken schneiden, mit Schafskäse und Petersilie mischen. Damit die Calamari füllen. Nebeneinander in eine befettete Auflaufform legen, mit Brösel und Petersilie bestreuen, würzen und Wein zugießen. Im Rohr bei 220 Grad rund 20 Minuten braten. Zum Servieren auf Teller legen, Bratensaft darübergießen und mit frischgehackter Petersilie bestreuen.

Gostišče Pri Poku

1351 Ljubljana–Brezovica, Podpeška 1–3, Telefon (01) 365 74 10
Fax 365 74 15
www.pripoku.bizland.com
e-mail: restavracijapok@siol.net

Wirte: Robert Trobec

Deutsch, Italienisch

Geöffnet: 12–23 Uhr, Samstag, Sonntag geschlossen

1993 feierte dieses Gasthaus seinen 200. Geburtstag, und »es war immer im Besitze unserer Familie«, erzählt voll Stolz Robert, der Wirt. Das Gasthaus »Pri Poku« gehört zu den Landgasthäusern, die nicht nur Tradition, sondern auch Qualität besitzen. Das zeigt sich schon an der gesamten Anlage. Das »Pri Poku« liegt an der alten Straße, die einst von Wien nach Triest führte. Heute ist längst die Autobahn die Hauptverkehrsroute, aber von Laibach nach Richtung Vrhnika sind noch immer genug Fahrzeuge unterwegs.

Das Gasthaus ist insgesamt eine große und sehr gepflegte Anlage:

Das Haus selbst ist im blitzsauberen Zustand, und das uralte Nebengebäude, in dem sich der Weinkeller des Wirtes befindet, ist mit Liebe restauriert worden. Hier lagern 400 Weine aus Slowenien, etliche gute Tropfen aus Frankreich, Spanien und Österreich.

Im Hause selbst sind die einzelnen Speiseräume sehr elegant und doch gemütlich eingerichtet. Keine großen Räume, Stüberln sind es, in denen das Verweilen recht gemütlich ist. Im ersten Stock, wo die Familie früher einmal gewohnt hatte, baute der Wirt alle Räume zu Extrastüberln um. Hier lassen sich Familienfeste, Partys und Feten mit Freunden abhalten – sehr elegant und doch sehr gemütlich.

Der Wirt ist Sommelier, und in seinem Hause werden ständig Weinkurse der Sommelerie von Slowenien abgehalten.

WC: Getrennt, sehr sauber

Hirschmedaillons

220 g Hirschrückenfilet, 1 Zwiebel, 50 g Hirschleber, 1 EL Öl, Weißwein, Salz, Pfeffer, Süßrahm, Teran

Zwiebel schneiden und in Öl anrösten. Leber in Scheiben geschnitten dazugeben, salzen, pfeffern und mit Weißwein ablöschen. Extra in einer Pfanne wird gut abgelegenes Filet gewürzt, angebraten und zur gerösteten Leber gegeben. Mit Teran aufgießen. Ein bis zwei Minuten aufkochen, so wird der Geschmack der Soße verbessert. Mit Süßrahm verfeinern. Aus dem Filet Medaillons schneiden, auf Teller legen und mit der Soße übergießen. Als Beilage wird Heidensterz serviert.

Restavracija »JB«

1000 Ljubljana, Miklošičeva 17
Telefon (01) 474 72 19
Fax 433 13 58
janez.bratovz@siol.net

Wirt: *Janez Bratovž*

Deutsch, Englisch

Geöffnet: 11–24 Uhr,
Samstag 18–24 Uhr,
Sonntag Ruhetag

Janez hat sein gemütliches „Wohnzimmer"-Restaurant im Laibacher Vorort Domzale zugesperrt und ist in die Stadt gezogen, um dort als Starkoch und Wirt gefeiert zu werden.

Mit großem Aufwand, seiner eigenen Art von Design hat er ein Restaurant geschaffen, das nun seinem Können und seiner Karriere entspricht: Klein, aber fein anfangen, dann hocharbeiten. Bei Janez verkehrt Laibach und sein internationales Publikum. Die Straße, in der er sein nobles Restaurant eröffnete ist jene, die vom Bahnhof direkt zu den Drei Brücken führt. In dieser Straße befindet sich unweit das ehemalige Austrotel und das ebenfalls recht noble Restaurant »Monroe«.

Janez hat seine Lehr- und Praxisjahre in feinen Häusern in Österreich absolviert, ehe er über Domzale die Hauptstadt eroberte. Der Wirt und Küchenchef legt Wert auf absolut hohe Qualität: bei den Grundprodukten, bei der Umsetzung in kreative Speisen, bei der Weinauswahl und bei der Einrichtung. Perserteppiche belegen den Boden, die Wände voll mit Kunstwerken bekannter und unbekannter slowenischer Maler – Tito neben dem lieben Gott. Göttliche Kombinationen.

Janez ist trotz seines Erfolges ein einfacher und fröhlicher Mensch geblieben. Viele seiner Gäste lieben seine unaufdringliche, aber freundliche Art. Auf drei großen Tafeln hat er die Visitenkarten seiner Gäste geklebt: Es ist das »Who is who« der Laibacher Gesellschaft.

Dass die Küche fähig ist, mit der tollen Atmosphäre und der Qualität des Chefs mitzuhalten, versteht sich von selbst. Es sind bodenständige Gerichte nach alten Rezepten, es ist aber auch die Adria-Küche, die – wenn Janez frische Produkte erhält – kreativ und raffiniert hier am Land zur Hochblüte gedeiht. Achtung: Fisch gibt es je nach Angebot. Es empfiehlt, sich ein Fischessen vorzubestellen.

WC: perfekt

Knoblauchsuppe mit Scampi

5 dag Butter, 2 kleine Erdäpfel, 12 dag Knoblauch, 4 dl Obers, 3 dl Rindsuppe, 8 dag geschälte Scampi, Salz, weißer Pfeffer

Kleinwürfelig geschnittene Erdäpfel in Butter anrösten, nach fünf Minuten Knoblauchzehen dazugeben, salzen, pfeffern, Obers und Rindsuppe aufgießen und so lange köcheln lassen, bis die Erdäpfel weich sind. Mit dem Stabmixer pürieren, dann die Scampi hineingeben und fünf Minuten köcheln lassen.

Kalbsmedaillons mit Cognacsauce

60 dag Kalbfleisch vom Schlögel, Öl, 2 dag Mehl, ½ dl Cognac, ½ dl Kalbsfond, 3 dag Butter, Salz

Das Fleisch zu Medaillons schneiden, salzen, in Mehl legen und in Öl anbraten (beidseitig), dann etwas Mehl einstauben und mit Cognac löschen. Den Kalbsfond dazugeben, fünf Minuten kochen lassen. Das Fleisch auf Teller warm stellen und dann die Butter in die Soße montieren. Als Beilage empfiehlt Janez Erdäpfelpüree und Gemüse.

Hotel Krona

1230 Domžale, Ihanska cesta 2
Telefon (01) 831 01 60

Hoteliers: Silva und Martin Bibič

Deutsch, Englisch

Restaurant geöffnet: ganztägig, Ruhetag auf Anfrage

Es gehört zu den jüngsten Hotels des Landes und liegt in einer Vorstadt von Laibach: Das Hotel Krona am Stadtrand von Domžale wurde erst am 3. August 1998 eröffnet. Erbaut von einem Slowenen, der in den 60er Jahren nach Deutschland zog, um dort zu arbeiten. Seine Lebensgeschichte liest sich wie ein modernes Märchen: Es war einmal ein tüchtiger Mann aus Domžale, der verdiente sich in einer Schuhfabrik sein tägliches Brot. In den 60er Jahren benötigten die Opelwerke Arbeiter, die sich auf die Handhabung von Leder verstanden. Der Schuharbeiter zog von daheim aus, begann im Opelwerk mit der Arbeit, und weil für diesen Tüchtigen diese zu wenig war, trug er auch noch Zeitungen aus. Der Arbeiter aus dem fernen Slowenien legte jede Mark, die er nicht zum Leben für sich und seine Familie benötigte, auf die Seite. Er wechselte den Beruf und wurde schließlich Gastronom und dann Hotelier in Frankfurt. Und immer legte er jede Mark, die er nicht zum Leben benötigte, auf die Seite. Damit kehrte er schließlich in seine Heimat zurück: Auf dem Grundstück seiner Familie in Domžale begann er nach seiner Rückkehr für seine Tochter und seinen Schwiegersohn dieses schöne Hotel mit einem dazugehörigen Restaurant zu bauen. Das Haus bietet den Gästen komfortable Zimmer, modernst ausgestattet: 42 Betten in 22 Zimmern. Im Parterre liegen eine kleine Bar und der Speiseraum des Restaurants. Dazu bieten noch einige Tische auf der Terrasse Platz.

Das Restaurant offeriert internationale Küche. Auf Steaks hat sich Martin, der Wirt, der auch als Küchenchef arbeitet, spezialisiert. Steaks werden auch auf heißem Lavastein serviert. Immer wieder gibt es Spezialitätenwochen – wobei hier das Wirteehepaar durchaus internationales Flair versprühen möchten: chinesisch, spanisch und auch österreichisch wird es in diesen Wochen zugehen. Martin und seine Gattin Silva sind in Deutschland groß geworden. Der junge Wirt hatte zuerst in Österreich, am Faaker See, seine Kochlehre absolviert. Dann zog es ihn nach Deutschland, wo er zuletzt im »Frankenhof« in Frankfurt gearbeitet hat. Er hatte als Koch viele Küchen dieser Welt kennen gelernt. »Das kommt mir hier zugute, weil ich außer der slowenischen Küche meinen Gästen Köstlichkeiten aus der ganzen Welt bieten darf.« Natürlich gibt es auch frischen Fisch. Den Besuchern steht außerdem ein Bufett mit frischen Salaten zur Auswahl. Das Weinangebot ist beachtlich: 60 Sorten lagern für die Gäste im Keller.

WC: *getrennt, sehr gepflegt*

Eingelegter Schafskäse

200 g Schafskäse, 2 Knoblauchzehen, Kräuter, Gewürze, 100 g eingelegte Pilze

Schafskäse in Oliven- und Sonnenblumenöl einlegen, Knoblauch, Rosmarin, Lorbeerblatt und andere frische Kräuter je nach Saison und Geschmack dazugeben. Außerdem eingelegte Pilze zu dieser Käse-Gewürzemischung geben und einige Tage im Kühlschrank ziehen lassen. Zu Bauernschinken aus dem Karst servieren. Auch eine gute Hauswurst aus der Untersteiermark passt dazu. Das ist sehr bekömmlich und erfrischend im Sommer. Mit frischem Weißbrot, Oliven und einem Glas Wein servieren.

Wildmedaillons

je 250 g Reh-, Wildschwein- und Gamsfilet, 100 g Eierschwammlern, 1 l Wildfond, Salz, Pfeffer, Öl, Wacholderbeeren, Preiselbeeren, 100 g gebratene Kastanien, 2 cl Wacholderschnaps, Petersilie, Rotwein

Die Filets jeweils extra in einer Pfanne rosa braten und dann in Folie gewickelt warm stellen. Den Bratenrückstand mit einem Wildfond (am besten jeweils vom dazupassenden Wild) aufgießen. Für das Rehfilet etwas Preiselbeeren und Rotwein dazugeben, in die Wildschweinsoße Wacholderbeeren und einen Schuss Wacholderschnaps geben und im Bratenrückstand des Gamsfilets die klein geschnittenen Schwammerln mitrösten, mit Wildfond aufgießen, mit Salz, Pfeffer und Petersilie verfeinern.

Restavracija Monroe

1000 Ljubljana, Miklošičeva 28
Telefon (01) 430 80 80
Fax 312 828
e-mail: artspedal@siol.net

Wirtin: Mira Šemič
Geschäftsführerin: Nataša Veljovič

Deutsch, Englisch, Italienisch, Französisch

Mitglied von Slow Food

Geöffnet: 11.30–1.00 Uhr, Sonntag Ruhetag, Samstag ab 17 Uhr geöffnet

Betriebsferien im August

Werde ich gefragt, welches Restaurant ich in Slowenien als das beste einschätze, so werde ich die Antwort zuerst verweigern. Die Unterschiede zwischen Land- und Stadtgasthaus, zwischen Fisch- und Fleischspezialisten sind zu groß. Und doch gibt es eines, dass ich als außergewöhnlich bezeichnen darf: Ich werde auf alle Fälle das »Monroe« in Laibach nenne. Nicht weil ich die Besitzerin gut kenne – ich bin mit zahlreichen Restaurantbesitzern befreundet –, sondern weil dieses Restaurant internationales Format hat. Dieses »Monroe« könnte in Wien, London oder Frankfurt genauso gut reüssieren.

Zwei Damen geben den Ton an: Mira, die Besitzerin, Nataša, ihre beste Freundin und Geschäftsführerin des Lokales. Beide Damen haben internationale Erfahrung – sie waren in der Welt, haben immer gerne gut gegessen und sich da und dort geärgert, wenn etwas daneben gelaufen ist. »Das würden wir anders machen«, wurde zum Leitspruch. Nataša war Stewardess, Mira Geschäftsfrau.

Bis dann der Tag kam, an dem die beiden beschlossen: Wir fangen an. In der Miklošičeva gegenüber dem Austrotel in jenem Gebäude, in dem sich das Café Marilyn befindet, mietete Mira das Kellerlokal. Das »Marilyn Monroe« entstand: durchgestylt, nobel, aber keinesfalls überspannt. Sauberkeit ist wichtig, feine Tischkultur und dann eine Qualität in Küche und Service, die den Gast zum König (aber nicht zum Regenten) werden lässt.

Die internationale Erfahrung, die die Freundinnen sammeln konnten, wurde umgesetzt. »Wir wollen keinen von Gastrokritikern hoch dekorierten Nobeltempel, sondern wir wollen ein gutes Restaurant mit höchstem Niveau sein«, lautet das Credo von Mira. Als Geschäftsphilosophie wurde auch die Situation Laibach einbezogen: Hauptstadt eines jungen Staates, die immer mehr zum Sitz von Botschaften, Gesandtschaften und Niederlassungen multinationaler Konzerne wird. Das reiche Kultur- und Geschäftsleben benötigt eine Vielfalt an Restaurants – und eben auch eines in der Qualität des »Monroe«.

80 Top-Weine aus ganz Slowenien werden hier ebenso angeboten, wie Karstschinken und Käse aus dem Trenta-Tal, die Steaks werden gebraten, wie es sich gehört, und nicht am Griller zu Tode gequält, und die Meeresfische und Früchte werden außerordentlich kreativ verarbeitet – und doch so, dass der Grundgeschmack der Fische nicht verloren geht. Die Orata mit Rosmarin und Fenchel gefüllt und in der Folie

geschmort ist ganz einfach köstlich.

Wild, Trüffel, süße Verführungen als Desserts und Edelbrände wie Destillate runden das Bild eines guten Restaurants ab.

Die Preise schocken überhaupt nicht, sie stehen in Relation zur Leistung in einem für den Gast gesunden Verhältnis. Das »Monroe« ist nicht sehr groß. Nach dem Eintreten ein langer Gang mit Tischen für zwei Personen – dieser Raum wird von Mira und Nataša »Waggon« genannt. Er ist auf seine Art sehr gemütlich. Dann ein Speiseraum, auch nicht sehr groß, aber sehr elegant und bequem.

Neu: Entlang des Flusses in der Straße »Breg« hat Mira ein Weinbeisl der besonderen Art aufgemacht. Durchgestylt, einfach toll. Mira serviert die besten Weine Sloweniens. Das Beisl ist nicht zu verfehlen.

WC: *sauberst, gepflegt, getrennt*

Spinat- und Topfennockerln mit Gorgonzolasoße

600 g Blattspinat, Salz, 300 g mageren Topfen, 4 Eier, 60 g Mehl, Salz, Pfeffer, Muskatnuss
Soße: 50 g Gorgonzola, 12 EL Süßrahm, Parmesankäse

Spinat in wenig Salzwasser kurz kochen, herausnehmen, abtropfen und erkalten lassen. Den Topfen in einem Tuch auspressen. Den Spinat ebenso auspressen, grob zerhacken und mit dem Topfen mischen. Eier und Mehl zugeben, würzen und alles gut durchmischen.

Salzwasser zum Kochen bringen, mit zwei Esslöffeln aus der Masse Nockerln stechen und sie im siedenden Wasser 20 Minuten ziehen lassen. Gorgonzola mit dem Rahm verrühren und bei kleiner Hitze leicht cremig einkochen. Die Nockerln auf Teller legen, mit der Soße übergießen und mit Parmesan bestreuen.

Topfennockerln mit Pilzrahmsoße

350 g Topfen, 3 g Butter, 2 Eier, 180 g Weizengries
Soße: 100 g Steinpilze, 1 Schalotte, Öl, Kümmel, Majoran, Salz, Pfeffer, ⅛ l Süßrahm

Den Topfen in einem Tuch auspressen und mit der Butter und den Eiern gut durchmischen. Den Weizengries dazugeben und eine halbe Stunde rasten lassen. In der Zwischenzeit die feinblättrig geschnittenen Pilze in etwas angerösteten Schalotten durchrösten, würzen, etwas kochen lassen, bis das Wasser verdampft ist, und dann mit dem Rahm verfeinern.

Aus der Topfenmasse Nockerln stechen, in Salzwasser 20 Minuten ziehen lassen und dann mit der Soße servieren.

Vinoteka

1000 Ljubljana, Dunajska 18
Telefon (01) 431 50 15
Fax 431 63 52
www.vinoteka-bradesko.si
e-mail: vinoteka.bradesko@siol.net

Wirt: Simon Bradeško
Küchenchef: Egon Gmeiner

Englisch

Geöffnet: Sonntag und feiertags geschlossen (außer zu Messezeiten), 10–23 Uhr Restaurant, Vinothek 10–19 Uhr

Die Vinoteka auf dem Gelände der Laibacher Messe ist das, was man

einen urgemütlichen Keller nennt. Vor etwa zwölf Jahren hat der Wirt Simon in einer modernen Halle den Keller auf »uralt« ausgebaut. Viel Holz, Nischen, Gemütlichkeit – ein wunderschönes Restaurant und daneben eine Vinothek, als Shop. Aus alten Eichenfässern wurde das Interieur des Lokales gestaltet. Die Tische waren einmal die Deckel von Weinfässern, die Sitzecken ebenso. Sechs große Lkw-Fuhren Holz von abgebauten Eichenfässern sind hier verarbeitet worden – ein Kunstwerk.

In der Vinothek erhält der Weinfreund einen Überblick über die Anbaugebiete Sloweniens. 800 verschiedene Weine werden angeboten (auch verschiedene Jahrgänge). Das geschulte Personal gibt Auskünfte über die Weine, außerdem werden Informationsschriften auf Anfrage gerne zur Verfügung gestellt.

Im Restaurant wiederum wird die Küche ganz Sloweniens geboten: Vom Karst-Schinken, über Meeresfrüchte bis zu den Fleischspeisen wie Steaks, Fohlenschnitzel, Kalb und Pute. Je nach dem Angebot der Saison wird die Speisekarte erweitert. Dass das Restaurant auch überaus viele Weine anbieten kann, versteht sich. Simon: »120 Weine bieten wir an, will ein Gast jedoch außerhalb unseres Angebotes noch etwas mehr, dann holen wir den Wein aus der Vinothek, kühlen den

Wein ein und servieren ihn.« Im Herbst und Winter überschlagen sich die Spezialitäten: Trüffelwochen, Wildspezialitäten, Fisch aus Dalmatien im Jänner, Spargel im Frühjahr. Das Personal ist äußerst freundlich und hilfsbereit, der Wirt zudem ein sympathischer Gastgeber.

WC: getrennt, sehr gepflegt

Champignons mit Gänseleber

400 g Champignons, 1 frische Paprika, 1 frische Paradeiser, Knoblauch, Salz, Pfeffer, Petersilie, 200 g Gänseleber

Alles am Rost braten (Champignons in Scheiben geschnitten). In eine Schüssel geben, Gänseleber in Scheiben geschnitten beifügen und Käse (Edamer) darüber reiben. Im Rohr gratinieren – oder im Salamander.

Filet Vinoteka

600 g Rinderfilet, Salz, Pfeffer, Bratensoße, Butter, Worcestersoße, 4 Sardellenfilets

Filet rosa braten, Fleisch warm stellen. Den Fond mit Bratensoße aufgießen. Etwas Butter dazugeben. Worcestersoße dazu und mit Rotwein aufgießen, ein wenig reduzieren lassen. Fleisch in die Soße legen, kurz aufkochen. Jedes Filet auf die Teller legen: darauf eine Olive und ein Stück Sardellenfilet geben. Mit der Weinsoße übergießen.

Als Beilage:
Käseštrukli

1 Pkg Strudelteig, 200 g Topfen, 2 Eier, Salz

Strudelteig ausrollen: Topfen mit zwei Eiern und Salz mischen und auf den Strudel streichen. In eine Folie zusammenrollen. 20 Minuten im heißen Wasser kochen.

Weitere Empfehlungen:

Trdinov Hram

1234 Mengeš, Slovenska 30

Geöffnet: 8–24 Uhr, Sonntag Ruhetag

Dieses Gasthaus am Stadtrand von Laibach in Richtung Kamnik ist von seiner Struktur her schon recht außergewöhnlich: Es bietet für Festlichkeiten einen Speisesaal, aber die meisten Gäste bevorzugen die Privatsphäre der Separees, die zum Speisen bereitstehen. Die einzelnen Räume sind außerordentlich geschmack- und stilvoll eingerichtet. Die Küche offeriert einen Querschnitt durch bodenständige, adriatische und ein wenig internationale Kost.

Die Beefsteaks sind oft bestellte Klassiker. Die Fischplatte für zwei Personen ist üppig. Sie setzt sich aus Meeresfischen, Hummer, Tintenfischen und Forelle zusammen.

Casa del Papa

1000 Ljubljana, Celovška 54 a
Telefon (01) 430 66 10
Fax 434 31 58
e-mail: casadelpapa@siol.net
Geöffnet: 12–1 Uhr

Wer von Norden kommend in die Stadt Ljubljana will, der passiert unweigerlich dieses außergewöhnliche Gasthaus, das dem Leben von Ernest Hemingway nachempfunden wurde: Zwei Teile des Lokales heißen »Key West« und »Kuba«, es sind Pubs, der dritte Teil ist das Restaurant selbst. Es wird »La Cucina del Papa« genannt und ist ein sehr stimmungsvolles Lokal. So ungewöhnlich wie das Ambiente ist auch die Küche. Daher haben die recht kreativen Speisen auch phantasievolle Namen. »El Cobre« ist ein Gericht von Seebarsch mit Trüffeln. Wer Hemingways Werke verschlungen hat, der wird sich in diesem Gasthaus besonders wohl fühlen.

Gostilna Pri Danilu

4220 Škofja Loka, Reteče 48
Telefon (04) 515 34 44
Geöffnet: 12 bis 22 Uhr
Ruhetage: Sonntag Abend, Montag

Von Ljubljana über Kranj führt die Straße nach Škofja Loka. Kurz zuvor die Ortschaft Reteče, in der sich dieses alte, traditionelle Wirtshaus befindet. Es ist ein Slow-Food-Betrieb, der auf die besondere Qualität der Grundprodukte großen Wert legt. Gekocht wird regional. Doch auch die Meeresküche wird hier auf verschiedenste Art angeboten. Das Gasthaus ist sehr elegant eingerichtet: schwarze Möbel, schwarz-rote Wandverkleidung. Zusammen mit dem Gastgarten können rund 100 Gäste bewirtet werden. Die Weinauswahl ist beachtlich – einige gute Namen finden sich da auf den Etiketten der Weinflaschen.

Dolenjska, Bela krajina und die Gottschee:

Litija – Stična – Trebnje – Mokronog – Šmarješke Toplice – Novo Mesto – Dolenjske Toplice – Metlika – die Kolpa-Schlucht – Kostel – Kočevje – Kočevski Rog – Ribnica

Das Land der tausend Weinhügel, das Land der Flüsse, Bäche, Wälder, Fluren. Das Land der Bären, Wölfe und Hirsche. Das Land der Klöster, Burgen, Kirchen und Kunstschätze. Das Land der Thermalquellen und Kurzentren. Das Land der einfachen Bauern, der kleinen Winzer, der Imker, Jäger und Fischer. Slowenien pur: Dolenjska (Unterkrain), Suha krajina (die trockene Mark), Bela krajina (die weiße Mark), die Gottschee und Posavje, die Landschaft am Mittellauf der Save. Genug Land und Sehenswürdigkeiten, um Wochen darin zu verbringen.

Dolenjska

Um rasch von der Hauptstadt in das Gebiet von Dolenjska zu gelangen, benützt man am besten die Autobahn in Richtung Zagreb. Nach dem Ende der Autobahn geht es noch ein Stück auf der Staatsstraße bis nach Ivančna Gorica. Hier kann man entweder nach rechts in Richtung Žužemberk in das Tal der Krka abbiegen, oder so wie in diesem Fall nach links zum Zisterzienserkloster Stična. Dieses Kloster ist ein kulturelles und geistliches Kleinod und teilweise noch von einer Festungsmauer umschlossen. Im 1232 von Zisterziensermönchen gegründeten Kloster ist der frühgotische Kreuzgang berühmt. Die Kirche selbst war zuerst eine romanische Basilika. Sie wurde jedoch gotisch und barock umgestaltet. Im Kloster werden Exerzitienkurs abgehalten, und in einem angrenzenden Geschäft können diverse Köstlichkeiten und Kräuter gekauft werden.

Von Stična aus empfehle ich ganz einfach quer durch das Land in Richtung Mokronog zu reisen. Die Landschaft ist schön, die Menschen sind freundlich, die Gostilnas einfach, das Essen ist wohlschmeckend. An jeder Ecke eine Heuharfe – ein hölzerner Schuppen, an dessen Seitenteilen das Heu zum Trocknen angebracht wird. Der Schuppen dient auch als Geräteschuppen. Manche Heuharfen sind kunstvoll verziert und erinnern an reichere Bauernwirtschaften. Die schönste Heuharfe findet man bei Velika Loka auf dem Weg nach Mokronog.

Das Land des Cviček

Hunderte kleine Häuschen stehen in den Weinhügeln zwischen Mokronog und Novo mesto. Hier wachsen die Schätze der kleinen Winzer: Der Cviček ist keine eigene Weintraube, sondern ein gemischter Satz. Das heißt, von den ver-

schiedenen Weinstöcken jedes Gartens werden die Trauben gemeinsam gelesen, gemeinsam gepresst und vergoren. Daraus entsteht ein meist heller Rotwein. Er ist sehr trocken, oft bis ins Säuerliche gehend. Aber er passt in das Land und zu den Speisen in diesem Land. Der Cviček wird meist offen ausgeschenkt – eine Karaffe Wein auf dem Tisch, eine gute Jause, nette Menschen zum Plaudern und all das im beschaulichen Hügelland Dolenjska. Der Weg führt in den Thermalort Šmarješke Toplice, weiter nach Otočec, wo sich Sloweniens einziges Wasserschloss befindet. Schließlich erreicht man Novo mesto. Es sind die Weinstraßen Dolnja und Gornja Dolenjska, die im wesentlichen durch die beschriebene Gegend führen.

Novo mesto ist die Hauptstadt Unterkrains. Das Stadtzentrum liegt auf einem Hügel, um den sich der Fluß Krka (Gurk) schlängelt. Der Markt im alten Stadtkern ist zwar klein, aber sehenswert. Bäuerinnen bieten hier Gemüse und Feldfrüchte, aber auch Pilze, Blumen, Kräuter, Honig und Waldbeeren an.

Die Täler der Krka und Kolpa

Dass die Soča für Wildwassersportler einer der begehrtesten Flüsse

Europas ist, habe ich bereits beschrieben. Slowenien bietet Wassersportlern aber noch andere Flüsse, für die es sich lohnt, weite Anreisen zurückzulegen: die Krka, die etwa 30 Kilometer südöstlich von Ljubljana entspringt, über Novo mesto und Kostanjevica bis Brežice fließt und dort in die Save mündet, sowie die Kolpa, die eine natürliche Grenze zwischen Slowenien und Kroatien bildet. Weite Strecken legt dieser Fluss zwischen Gebirgszügen zurück und bildet so landschaftlich reizvolle Canyons. Krka und Kolpa sind zum Paddeln und teilweise zum Raften gut geeignet. Die Krka bietet sich auch noch zum Fischen an. Das Fischwasser dieses Flusses genießt internationalen Ruf unter den Petri-Jüngern. Seitdem der Chemieriese »Krka« seine Abwässer gefiltert in diesen Fluss fließen lässt, ist die Wasserqualität, um die sich Umweltschützer große Sorgen gemacht haben, wieder bestens.

Durch das Land der Gottschee

Viel habe ich darüber gehört, am wenigsten allerdings im Geschichtsunterricht in der Schule: Die Gottschee, Kočevje, ist eine deutsche Sprachinsel im Süden Sloweniens, in einer gebirgigen, dicht bewaldeten Gegend. Das Gebiet reicht von der kroatischen Grenze bis zur Wallfahrtskirche Nova Štifta bei Ribnica. In diesem Landstrich gab es bis zum Zweiten Weltkrieg eine isolierte deutsche Sprachinsel, deren Ursprung ins 14. Jahrhundert zurückreicht. Der Patriarch von Aquileia hatte die Wildnis den Grafen von Ortenburg verliehen. Die Ortenburger siedelten dort Menschen aus Österreich, Schwaben und dem Frankenland an. Die Gottscheer entwickelten ihre Kultur, ihr Brauchtum und ihre wirtschaftliche Existenz. Das Land war aber teilweise durch den karstigen Untergrund zu schlecht, um mit Landwirtschaft das Einkommen ganzer Familien zu sichern. Also zogen die Männer jedes Jahr aus, um als Hausierer in den reicheren Gebieten der Monarchie ihr Brot zu verdienen. 1624 wurde die aus 176 Ortschaften und Weilern bestehende Gottschee zur Grafschaft, 1791 gar zum Herzogtum erhoben. Dann wurde das Land vom Rest der Welt vergessen. Die Menschen aus dem Gottscheerland fielen 1942 Adolf Hitlers »Heim ins Reich«-Wahnwitz zum Opfer. Sie wurden ausgesiedelt. Heute trifft man nur mehr Reste der deutschen Bevölkerung, ein kleines Museum in Pöllandl erinnert noch an alte Zeiten.

In Vergessenheit geraten sind teilweise auch die Essgewohnheiten der Gottscheer. Nur mehr Gottscheer Landsmannschaften in Österreich und Deutschland haben sich um die Erhaltung der alten Rezepte bemüht. Eine besondere Köstlichkeit ist die »Pobolitza« oder Pewallitze – ein strudelartiger Kuchen, der als Nachtisch zu Festessen gereicht wurde. In den Gasthäusern des Gottscheerlandes wird man dieses Gericht umsonst suchen. Doch hier das Rezept, das mir einmal Ludwig Kren aus Maria Rain in Kärnten zur Verfügung gestellt hat. Das Rezept hatte ihm seine aus der Gottschee stammende Mutter diktiert:

Pobolitzn

Teig: 500 g Mehl glatt, 2 Eier, 1 EL Öl, warmes Wasser

Fülle: 350 g Butter, 350 g Zucker, 7 Dotter, 1 Pkg. Vanillezucker, 1 EL Rum, ½ Zitrone, 7 Eiklar, 250 g Rosinen, Brösel

Erst einen glatten Strudelteig mischen und kneten. In zwei Teile teilen, mit Öl bestreichen, warm zudecken und eine halbe Stunde rasten lassen.

Dann einen Teigteil auf einem Tuch ganz dünn ausziehen, den

Rand abschneiden und die Hälfte der Fülle (alle oben genannten Zutaten gut mischen) aufstreichen. Ungefähr die Hälfte der Rosinen und etwas Brösel darüber streuen, mit dem Tuch einrollen und am Tischrand liegen lassen. Mit der zweiten Hälfte dasselbe tun. Schließlich fasst man das Tuch an der Seite, wo die erste Teighälfte liegt, und bringt somit diese so ins Rollen, dass sie sich mit der zweiten Teighälfte gemeinsam einrollt.

Anschließend eine Kasserolle mit viel Butter einfetten, Brösel einstreuen und den Teig kreisrund hineingeben. Bei 180 bis 190 Grad etwa zwei Stunden backen. Dann den Kuchen mit Rahm bestreichen, zuckern und im ausgeschalteten Rohr 10 bis 15 Minuten stehen lassen.

Die Gottschee ist für Touristen ein faszinierendes Land. In den Bergen beeindrucken dichte Wälder mit Schotterstraßen und den Hinweisschildern »Achtung Bären«. Trotz intensiver Suche ist es uns nicht gelungen, einen Meister Petz ausfindig zu machen. Doch die Urwälder alleine begeisterten uns schon! Was wäre das für ein Paradies für Moutainbiker oder Radwanderer!

Von Kočevje gibt es die Möglichkeit, über die Berge in Richtung Dolenjske Toplice zu fahren. Ein sehr schöner Thermalkurort, mit einem guten Kurhotel der Viersterne-Kategorie.

Von Dolenjske Toplice führt unsere Strecke wieder nach Novo mesto und von hier in Richtung Brežice.

Das Posavje-Weinland

Von den vielen Klöstern und Burgen des Landes ist das Kartäuserkloster von Pleterje (Pleteriach) zu erwähnen. Das Kloster hat eine bewegte Geschichte hinter sich. Die Kartause wurde immerhin bereits 1084 gegründet. Heute ist der Ort nicht nur geistliches Zentrum. Viele Leute kommen wegen der Schnapsbrennerei des Klosters hierher.

Pleterje liegt zwischen Novo mesto und der kleinsten Stadt Sloweniens, nämlich Kostanjevica. Von hier führt uns der Weg über Brežice wieder in das Posavje-Weinland am Mittellauf der Save. Auch hier: Burgen, Schlösser, fruchtbare Hänge, Volkskunst und Handwerk. Die Häuser deuten bereits auf den pannonischen Einfluss hin. Viele kleine, asphaltierte Straßen führen in bezaubernde Gegenden – ein Land für persönliche Entdeckungen. Posavje ist für uns Ausgangspunkt für die nächste Reise: das Ziel ist Štajerska, die Untersteiermark.

Wir besuchen:

Gostilna Štorovje, Šentvid pri Stični
Kloster Stična
Penzion Domen, Šmarješke Toplice
Gostilna Kolesar, Dolenje Sušice
Gostišče Na Hribu, Novo mesto, Škrjanče
Weingut Istenič, Bizeljsko

Gostilna Štorovje

1296 Šentvid pri Stični
Wirt: Lojze Kovačič
etwas Deutsch

»Wir haben unser ganzes Leben immer wieder investiert, vergrößert, verbessert«, erzählt der Wirt, der von der Erdäpfelernte am nahen Acker eiligst zu seinem Wirtshaus lief, als wir kamen. Kein Wunder, war doch unser kundiger Führer in dieses Gasthaus Lojze Peterle, der ehemalige Ministerpräsident Sloweniens. Das Gasthaus liegt nur einige Autominuten vom Kloster Stična entfernt. Das Haus ist so groß, dass es auch Gruppen aufnehmen kann. Was aber nicht heißt, dass die Küche deswegen nur auf Quantität ausgerichtet ist. Die Wirtin, die persönlich den Kochlöffel im Hause schwingt, ist für ihre hervorragende Hausmannskost bekannt.

Fleisch wird bei den Landwirtschaften in der Nachbarschaft eingekauft, Erdäpfel, Weizen, Zwiebel und Knoblauch kommen aus den eigenen Feldern, die rund ums Haus liegen.

Freundlichkeit und Sympathie strahlt dieses Haus aus. Wenn auch die Architektur keine Ovationen aufkommen lässt, sind die einzelnen Stüberln und Speiseräume trotzdem sehr sauber und zweckmäßig eingerichtet. Ein großer Saal, in dem mehr als 100 Gäste Platz finden, ist modern und sogar ein wenig elegant eingerichtet. Hier finden Hochzeiten, Tanzveranstaltungen des Ortes statt. Peterle hat hier auch immer wieder Parteisitzungen abgehalten. Es ist ja seine Heimatregion. Berühmt sind in dieser Gostilna die Backhendln und, vor allem zur Schlachtzeit, die Blutwürste. Das Gasthaus ist 100 Jahre alt, damals hatte der Bezirkshauptmann der Gegend entschieden: »Hier bei diesem Bauern muss eine Gasthaus entstehen, hier sollen die Leute essen«, also erhielt der Bauer Kovačič seine Konzession.

Ein Landgasthaus ist es bis heute geblieben – mit alle seinen kulinarischen Vorteilen.

Im Hause wird ein Cviček getrunken, der von den Bauern der Umgebung geliefert wird, offen, hervorragend, empfehlenswert. Vor dem Haus findet man eine kleine Terrasse, hinter dem Haus einen kleinen Gastgarten.

WC: sauberst, modern

Štrukli

Teig: 50 dag Weizenmehl, 1 Ei, lauwarmes Wasser
Fülle: 10 dag Grammelschmalz, 25 dag geriebenes altes Weißbrot, 3 Eier, 1 dl Sauerrahm, gehackte Petersilie, Salz

Aus dem Mehl, dem Ei und dem lauwarmen Wasser einen willigen Teig kneten, ein Laibchen daraus formen und mindestens eine halbe Stunde rasten lassen. Dann den Teig halbzentimeterdick ausrollen. Für die Fülle die Weißbrotbrösel auf dem Schmalz rösten, sobald sie Farbe nehmen, das Ei, den Sauerrahm und das Salz hinzufügen. Die Fülle auf den ausgerollten Teig streichen, mit Petersilie bestreuen, zu einem Strutz (štrukelj) rollen und in ca. 20 bis 25 cm lange Stücke schneiden. 20 Minuten bei 180 °C in Salzwasser sehr langsam kochen. Aus dem Wasser nehmen, mit dem Grammelschmalz abschmalzen und mit grünem Salat oder Sauerkraut servieren.

Kloster Stična

Zisterzienserabtei Stična

Geöffnet: täglich, Führungen auf Anfrage

Das Kloster in den Hügeln der Dolenjska ist eines der kulturellen Zentren Sloweniens. Mit dem Exerzizienhaus ist es aber auch religiöser Mittelpunkt. Die Ruhe und Erhabenheit des Ortes hüllt den Besucher ein, lässt ihn die spirituelle Kraft erahnen. Die Mönche wussten einst sehr genau, an welchen Orten sie ihre Klöster errichten. 1998 wird das Jubliäum 900 Jahre Zisterzienser-Orden gefeiert. Die Mönche aus Stična haben nicht nur in Slowenien, sondern weit darüber hinaus ihre geistliche Tätigkeit entwickelt. So belebten sie nach dem Krieg das Kloster Stams in Tirol wieder. Vor dem Zweiten Weltkrieg gab es in Stična 70 Mönche, jetzt sind es nur mehr 12. Aber das Kloster war und ist wirtschaftliches, religiöses und kulturelles Zentrum.

Die Tätigkeit gliedert sich in verschiedene Aufgabenbereiche: Da ist das Exerzizienhaus, die Hostienbäckerei und das nationale Museum. Darüber hinaus wird etwas Landwirtschaft betrieben. Früher war Stična berühmt für seinen Käse. Der wird nach dem Klosterrezept jetzt von einer öffentlichen Molkerei produziert, ist aber im Geschäft des Klosters erhältlich.

Stična war seit dem Krieg auch berühmt wegen des Kräuterpaters Simon Ašič. Er hat die Natur und die Wirkung der Pflanzen studiert. Pater Simon fand für viele Wehwehchen die richtige Kräuterteemischung, die Salbe oder Tinktur. Der Pater ist zwar schon seit Jahren tot, aber die Patres haben seine Rezepturen übernommen. »Hilfe aus der hausgemachten Apotheke« wird im Geschäft des Klosters verkauft, außerdem ein exzellenter Essig, Würste, Schinken und Brot. Die Leute kommen von weither, um diese Köstlichkeiten hier einzukaufen.

Penzion Domen

8220 Šmarješke Toplice, Družinska vas 1

Wirt: Jože und Tatjana Zorko

E-mail: domen@iname.com

Geöffnet: 10–22 Uhr, Dienstag Ruhetag

Deutsch

Das Wirtshaus »Domen« ist eine Überraschung: elegant, gemütlich. An warmen Tagen zieht es den Gast

allerdings auf die überdachten Terrassen. Eine ist über jenen Bach gebaut, aus dem der Wirt frisch die Forellen fängt. Womit sich die Frage nach der Spezialität des Hauses von selbst beantwortet. Übrigens, wenn im Sommer ein Damhirsch mit mächtigem Geweih im Bächlein steht und sich vom Wirt liebevoll ansprechen lässt, dann handelt es sich um »Roki«, den Haushirsch – nebst Reh und Ziege, die »Haustiere« der Pension. Die Terrasse über dem Bach ist ein Nichtraucherplatz.

Das Wirtshaus liegt nicht weit von einer der bekanntesten Thermen Sloweniens entfernt. Hier zeigt sich eine besonders gute touristische Infrastruktur: Tennisplatz, Wanderwege, Parkanlagen, Kurbäder etc.

Die Küche, die Gattin des Wirtes ist hier die Herrin, bietet viele kulinarische Köstlichkeiten. Täglich mehrere Suppen, der Wein aus dem eigenen Weingarten (Cviček).

Das Haus liegt zwar an der Hauptstraße, aber der Verkehr hält sich in Grenzen, und Parkplätze sind ebenfalls genügend vorhanden. Im Wirtshaus selbst gibt es etwa 80 Plätze und im Gastgarten stehen 200 Plätze zur Verfügung. Zusätzlich bietet das Haus 30 Betten in recht komfortablen Zimmern. Ein Platz, um von hier Ausflüge in die

Weinhügellandschaft zu unternehmen. Für Radfahrer besonders geeignet.

WC: getrennt, sauber

Gefüllte Forellen

4 Forellen, 4 mittelgroße Paradeiser, grüne Paprika, 1 Zwiebel, 200 g gemischtes Faschiertes, 200 g Steinpilze, 1 dl Weißwein trocken, 1 dl süßer Rahm, 50 g Schmelzkäse, Öl, Pfeffer, Salz, Gewürze je nach Geschmack

Die Forellen werden gewaschen, geputzt und entgrätet. Das lässt man am besten im Fischgeschäft machen. Salzen, mit Zitronensaft beträufeln und etwa 30 Minuten im Kühlschrank liegen lassen. Inzwischen die Fülle vorbereiten: Zwiebel oder Schalotten, Paprika und Paradeiser kleinwürfelig schneiden und in Öl anrösten. Faschiertes Fleisch und die Hälfte der Steinpilze dazugeben und mitrösten. Salz, Pfeffer und Muskat sowie die Gewürze beimengen und alles fertig dünsten. Mit Weißwein aufgießen und noch einmal aufkochen.

Die Forellen werden gebraten, dann erst werden sie gefüllt. Die restlichen Steinpilze ebenfalls anbraten und mit Rahm verfeinern. Diese Soße über die Forelle gießen, Reibkäse mit Rahm vermischen und ebenfalls übergießen. Dann wird die Forelle im Backrohr fünf Minuten bei 200 Grad Oberhitze gratiniert. Als Beilage: Mangold und Petersilienerdäpfel.

Gostilna Kolesar

Dolenje Sušice
Telefon (07) 306 50 03, Fax 306 50 66
Wirte: Milena und J. Tekavčič
Deutsch
Geöffnet: 10–23 Uhr, Montag Ruhetag

Direkt an der Straße, die vom Thermenort Dolenjske Toplice in die Gottschee führt, liegt die recht gemütliche, aber einfache Gostilna »Kolesar«. Der Wirt war etliche Jahre in Wien, spricht daher perfekt Deutsch. Er ist nicht nur ein guter Berater in Sachen Kulinarik, er erklärt seinen Gästen, die aus dem Ausland kommen, auch gerne die Besonderheiten seiner Heimat.

Beispielsweise berichtet er über das Wild, das in den Bergen rund um seine Gostilna die Wälder bevölkert, über die Gottschee, den Fluß Krka und seinen Fischbestand. Dieser war, so der Wirt, schon einmal besser, hat dann zeitweise durch eine chemische Fabrik gelitten und hat sich jetzt, nach dem Einbau von Filteranlagen in diesem Industriebetrieb, wieder erholt.

Auf der Speisekarte: Fleischspeisen – im Hause befindet sich eine Fleischhauerei – Wildspezialitäten (auf Vorbestellung) und im Sommer natürlich Pilze.

Die Slivovka des Hausherrn sollten Sie auf alle Fälle verkosten, und den Damen empfehle ich einen Honigschnaps (aus Birnenschnaps). Den Schnaps bezieht der Wirt von einem Bauern aus dem Nachbardorf, den Honig setzt er selbst an. Eine Spezialität ist auch das Grammelbrot.

WC: getrennt, einfach, sauber

Knoblauchsuppe

Öl, 3 EL Mehl (nach Bedarf auch mehr), 1 Tasse Knoblauchzehen, 1 l Rindsuppe, 4 Eier, 1 EL süßer Rahm

Aus Öl und Mehl eine helle Einbrenn bereiten, dann eine Tasse voll gepressten Knoblauch anschwitzen, mit Rindsuppe ablöschen. Mit Lorbeerblatt, Pfeffer, Salz und viel

Petersilie würzen. Schließlich noch die Eier beigeben und mitkochen lassen. Zum Schluss einen Löffel süßen Rahm dazu.

Grammelbrot

7 dag Germ, 1 kg Mehl, etwas Zucker, 1/16 l warmes Wasser, 2 EL Buchweizenmehl, Salz, Pfeffer, 5 EL Grammeln mit Schmalz, 1 Ei

Aus den Zutaten einen Teig rühren und kneten. Dann rasten lassen. Schließlich Salz, Pfeffer und fünf Löffel Grammeln mit Schmalz in den Teig einarbeiten. Gut durchmischen. Noch einmal rasten lassen – etwa 30 Minuten.

Auswalken und Quadrate ausstechen (zwei Zentimeter hoch). Ein Blech mit Öl ausstreichen, die Teigstücke auflegen, mit Ei bestreichen und etwa 10 bis 15 Minuten bei 200 Grad backen.

Gostišce Na Hribu

8000 Novo mesto, Škrjanče 3
Telefon (07) 334 70 91,
Fax 334 70 61
Wirtin: Jožica Zalar
Englisch
Geöffnet: 11 bis 23 Uhr

Wir haben lange gesucht, bis wir jene Ausfahrt in Novo mesto fanden, die schließlich in den Gasthof »Na Hribu« führt. Also: Beim Krankenhaus vorbeifahren, einige Kilometer übers Land, eine Eisenbahn kreuzen und dann den Hinweisschildern nach. Kein Problem.

Der Gasthof ist zwar bereits 100 Jahre alt, aber er wurde restauriert und modernisiert. Von »alt« keine Spur mehr. Sieht man davon ab, dass sich hinter dem Haus eine Eiche befindet, die nicht nur mächtig ist, sondern auch schon mehr als 400 Lenze zählt.

Der Gasthof – auch einige schöne Zimmer sind vorhanden (10 Betten) – ist sehr gemütlich und sauber eingerichtet, mit einem Extrastüberl für kleinere oder größere Familienfeiern. Besonders schön ist der Gastgarten: vollkommen im Schatten unter sehr hohen Bäumen – eher eine Terrasse, denn ein Garten. Dort steht auch ein gemauerter Griller, der allerdings bei unserem Besuch nicht in Betrieb war. Die Küche ist hervorragend – sehr bodenständig, mit den besten Grundprodukten, die die Landwirtschaft der Umgebung liefern kann. Natürlich hängt das Küchenangebot auch immer von der Saison ab. Im Sommer und Frühherbst werden Spezialitäten mit Pilzen serviert.

Mutter und Tochter sind im Service tätig. Die charmanten und

sympathischen Frauen bieten eine reiche Auswahl an guten Weinen des Landes an.

WC: sehr gepflegt, getrennt

Bertram-Strudel

Teig: 15 dag weißes Mehl (halb griffig, halb glatt), 1 EL Öl, 1 KL Essig, Salz
Füllung: 15 dag süßer Rahm, 2 Eier, 1 Zweig Estragon (= Bertram) gehackt, Salz
Überguss: 1 EL süßer Rahm, 1 EL Sauerrahm, 1 Ei, 1 Zweig gehackter Estragon, Salz

Einen gezogenen Strudelteig vorbereiten (½ Stunde rasten lassen). Für den Überguss den erwärmten Rahm, das Ei und den Estragon durchmischen und salzen. Die Fülle auf den ausgezogenen Teig verteilen, das Ganze einrollen, mit Brösel bestreuen. Den Strudel in ein Küchentuch wickeln, zusammenbinden und einige Minuten in kochendem Wasser ziehen lassen. Anschließend den gekochten Strudel auswickeln, mit dem Überguss bestreichen und im Ofen noch 5 bis 6 Minuten backen.

Weingut Janez Istenič

Kmečki turizem Janez Istenič s.p.
8259 Bizeljsko, Stara vas 7,
Telefon & Fax (07) 495 15 59,
Internet: www.barbara-international.si

Winzer: Janez Istenič

Deutsch

Geöffnet: nach Vereinbarung

Istenič zählt zu den größten Sektproduzenten des Landes. Sein stattliches Weingut liegt auf einer kleinen Anhöhe in den Hügeln von Bizeljsko. Von der Hauptstraße zwischen Brežice und Rogaška Slatina am Ende der Ortschaft Stara vas sollte man auf die Hinweisschilder achten. Im Haus Istenič befindet sich ein großer Verkostungsraum – fast wie die Gaststube einer Buschenschenke. Dort serviert die Gattin des Winzers den Gästen die Sekte des Hauses. Jeder nach der Champagnermethode gekeltert (1. Gärung im Stahltank, zweite Gärung in der Flasche). Einige Sektsorten hat der Winzer nach seiner Familie genannt: Barbara und Miha (Kinder), dann Michelle, seine Gattin, und Desiree – »das ist ein Phantasiename«. »Barbara« war der erste Sekt aus dem Hause Istenič. »Ich habe ihn so genannt, weil am ersten Tag der Lese meine Tochter Barbara zur Welt kam.« Die Leitsorten neben »Barbara« sind der »Golf Brut« und »Cuvée Princesse«, und der allerbeste Sekt ist der »N. 1 Cuvée speciale«. Vier Jahre dauert hier die Gärung in der Flasche, dann wird das Depot entfernt und die Dosage mit dem besten Wein des Hauses und etwas Zucker gegeben. Der Sekt ist mit feinperligem Mousseux und ebensolchem Geschmack ausgestattet. Ein Sparkling von ganz besonderer Qualität.

Janez hatte 1968 den kleinen Bauernhof in den Hügeln von Stara vas gekauft. »Damals hatten wir gerade 300 Weinstöcke, heute sind es 18.000«, erinnert sich der Winzer. Auf hohe Qualität vom Weingarten bis in den Keller legt er großen Wert. Das gesamte Weingut strahlt Sauberkeit und Schönheit aus. Dass diese Sekte nicht nur zahlreiche Goldmedaillen in Ljubljana und Paris, sondern 1996 auch den »Champion«-Titel errangen, bleibe hier nicht unerwähnt.

Das Weingut ist täglich ab 12 Uhr geöffnet. In einem Verkostungsraum kann der Sekt getrunken wer-

den (auch glasweise, sehr günstig), und im Nebenhaus, in dem ein Geschäft eingerichtet wurde, können die Sparklings flaschenweise (auch im Karton) gekauft werden.

Weiters ist zu berichten, dass im Keller von Janez rund 20.000 Sektflaschen reifen und lagern – darunter auch Imperiale und Methusalems.

Das Weingut bietet acht Fremdenzimmer an.

Sohn Miha führt in Ljubljana eine Vertriebsfirma des Weingutes, »Barbara International« in Cizejeva 4, 1210 Ljubljana, Telefon und Fax (061) 59 449.

Lojze Peterle, der Imkerpräsident

»Es gibt keine große Liebe zwischen uns, sagen die Bienen« – Dr. Lojze Peterle, Geograph und Historiker, der Welt als erster frei gewählter Ministerpräsident der Republik Slowenien bekannt, ist Imker. Nicht nur das, der Vorsitzende des Europa- und Integrationsausschusses im Parlament in Ljubljana ist der Präsident des slowenischen Imkerverbandes.

Er kennt sich also aus. Und als wir ihn baten, uns einen Tag durch seinen Heimatbezirk Dolenjska zu führen und uns seinen Bienen »vorzustellen«, sagte der sympathische Politiker sofort zu. So fuhren wir also in das Winzigdorf Most nahe Mokronog, in sein Elternhaus. Der Bruder des Politikers führt noch die kleine Landwirtschaft, die Bienen umsorgt der Ex-Ministerpräsident selbst. »Ich habe zuwenig Zeit«, gesteht Peterle, »daher die geringe Liebe zwischen uns.« Doch sein Gefühl und das Gespür für Bienen ist dem Herrn Präsidenten nicht abhanden gekommen. »Sie sind heute sehr nervös«, erkennt der Imker gleich beim Eintreten in das Bienenhaus. Warum? »Vermutlich ist es die hohe Elektrizität in der Luft«, erklärt er.

Seit zweit Jahren ist Peterle nun schon der Präsident des slowenischen Imkerverbandes: »Wir haben etwas Großartiges erreicht, im Jahre 2002 findet der Weltkongress der Imker in Slowenien statt.« Das wurde beim letzten Kongress in Antwerpen beschlossen.

Nach den Bienen einen Sprung zu den Eltern: »Mein Vater war ein wenig Schneider und ein wenig Landwirt.« Vor dem Krieg besaßen die Peterles einen Hektar Land. Jahre danach haben Vater und Mutter alles Ersparte zusammengekratzt und weiteres Land gekauft. »Es sind jetzt drei Hektar, die Ernte eines ganzen Lebens«, Bitterkeit schwingt in seiner Stimme.

Vor 20 Jahren hat Lojze mit Hilfe seines Vater das Bienenhaus der Vorfahren wiedererrichtet und begonnen, Honig zu produzieren.

Es sind Blüten- und Waldhonig, die die Krainer Biene produziert – köstlich im Geschmack. Der Peterle-Honig ist kostbar. Hin und wieder erhält ein europäischer Staatsmann ein Glas aus Peterles Bienenstöcken. Der Honig bleibt rar. Auch wenn Peterle bald sein Bienenhaus ausbauen möchte. »Ein Architekt hat mir einen Plan für ein neues Bienendomizil gemacht. So wie es früher einmal war.« Und selbstverständlich wird jeder Stock mit einem bunt bemalten Brett geschmückt werden. So wie es in Slowenien eben bäuerliche Kultur ist und war.

Dann wird Lojze vielleicht öfter als zweimal die Woche nach Most fahren – möglicherweise auch mit dem Fahrrad. Wozu ihm heute noch weniger Zeit bleibt: Ljubljana–Most und retour, das sind sechs Stunden Strampelarbeit.

Weitere Empfehlungen

Gostišče Kos

*8000 Novo mesto, Šmarješka 26,
Telefon (07) 337 05 40, Fax 332 57 71*

Geöffnet: 8.30–22.30 Uhr, Sonntag Ruhetag

Dieses Slow-Food-Restaurant liegt in Ločna, am Stadtrand von Novo mesto an der Hauptstraße. Es ist also nicht zu verfehlen: von außen eher unscheinbar, innen jedoch elegant und nobel eingerichtet. Die Küche ist ringsum berühmt. Einerseits wird hier Hausmannskost geboten: mit Produkten aus den benachbarten Landwirtschaften. Andererseits gibt es hier auch köstliche Speisen mit Süßwasserfischen und die in Slowenien üblichen Spezialitäten wie Froschschenkel, Schnecken, Fohlensteaks und – als exotischen Ausflug – Fleisch von Straußen. Die Weine gehören zu den besten, die Sloweniens Winzer zu bieten haben.

Hotel Grad Otočec

*68222 Otočec, Grajska Cesta 1
Tel. (07) 30 75 700, Fax 30 75 4360,
otocec@krka-zadravilisca.si
www.krka-zdravilisca.si*

Geöffnet: ganzjährig

Dieses Hotel gehört ohne Zweifel zu den feinsten Adressen Sloweniens: ein Wasserschloss direkt am Fluss Krka (besser gesagt im Fluss Krka), mittelalterlich mit stilvoll eingerichteten, komfortablen Zimmern. Die Möbel sind ebenfalls antik. Im Hause gibt's auch ein sehr gutes Restaurant (im Innenhof der Burg), dessen Ambiente zur Gediegenheit des Schlosses passt. Sowohl im Rittersaal als auch im Burghof stehen den Gästen Tische zur Verfügung. Gekocht wird eine kreative, feine Küche mit bodenständigem und internationalem Angebot.

Die Burg liegt auf einer künstlichen Insel, ist ein Renaissancebau, der zur Zeit des Barock umgebaut wurde. Umgeben ist sie von einem großen, erholsamen Park.

Gostišče Montparis

*3225 Planina pri Sevnici 44
Telefon (03) 748 10 10*

Geöffnet: 9–23 Uhr, Dienstag Ruhetag

Im Randgebiet des Posavje, im Ort Planina, liegt dieses recht schöne Gasthaus – ebenfalls ein Slow-Food-Betrieb. Der Name der Gaststätte klingt französisch, doch ist er historisch belegt.

Die Küche ist exzellent. Viel Wild steht auf der Speisekarte. Man kann aber auch Meeresfrüchte und Fische bestellen. Zum Willkommen wird von den Wirtsleuten gerne ein hausgebrannter Wacholderschnaps gereicht. Er soll die Stimmung heben. Angesichts des guten Essens, des angenehmen Ambientes im Lokal und im Gastgarten, wird dies nicht schwerfallen. Übrigens: Die Weinauswahl kann sich auch sehen lassen.

Hotel Valentin

*1330 Kočevje, Tzo 64
Telefon (01) 895 13 61, Fax 895 23 10*

Geöffnet: ganzjährig

Das Hotel Valentin in Gottschee ist das erste Haus am Platz. Ein einfaches Haus moderneren Einheitsstils, aber sehr sauber. Das Personal spricht gut Deutsch, ist freundlich und zuvorkommend. Den Bildern in der Eingangshalle nach zu schließen, wird das Haus gerne von Jägern, die von auswärts kommen, besucht. Sie illustrieren außerdem, welchen Wildreichtum die Berge und Wälder des Gottscheerlandes besitzen. Vom Hotel Valentin aus, das ja im Zentrum der Stadt liegt, kann in wenigen Minuten die gesamte Innenstadt abgeklappert werden. Kočevje ist nicht sehr groß.

Das Weinland Štajerska:

Celje – Slovenska Bistrica – Rogaška Slatina – Ptuj – Ormož – Jeruzalem – Murska Sobota – Kuzma – Radenci – Gornja Radgona – Lenart – Pesnica – Svečina – Maribor – Dravograd

Štajerska, die Untersteiermark, ist geographisch gesehen die größte Region Sloweniens. Mit ihrer Hauptstadt Maribor, der Messestadt Celje, der Weinstadt Ptuj, mit Ljutomer, den Thermen Rogaška, Radenska, Atomske Toplice und Zdravilišče Laško. Štajerska ist aber auch das Land der Weißweine und des Klapotez. Štajerska beginnt bald nach dem Grenzübergang Dravograd und reicht östlich bis zur ungarischen und kroatischen Grenze. Es ist das Land der vielen Weinstraßen durch ein Weinbaugebiet, das Podravje genannt wird.

Die Haloze-Weinstraße

Die Haloze-Hügel befinden sich südöstlich der Stadt Ptuj. Die Sonne soll dort wie kaum woanders in Europa eine solche Kraft entwickeln, dass die Weine besonders gut gedeihen. Für Wanderungen ist Haloze gut geeignet. Bei der Burg Borl (Ankenstein), die auf einem Felsen über der Drau liegt, beginnt der Marsch durch Weinberge, vorbei an Klappermühlen (die Slowenen nennen sie Klopotec, die Steirer in Österreich Klapotez), an Winzerhäuschen und kleinen Buschenschenken. In Haloze besitzt die große Weinkellerei von Ptuj mehr als 200 Hektar Weingarten. Der Haloze-Wein ist die Leitlinie aller Weine von Ptuj. Die Stadt Ptuj (Pettau) mit dem Burgberg ist besuchenswert. Auf dem Weg von Haloze nach Ptuj empfehle ich, in Maria Neustift (Ptujska Gora) die Wallfahrtskirche zu besichtigen. Sie ist ein wunderschöner gotischer Bau, steht auf einem Hügel und blickt wie ein Wächter über das weite Feld.

Die Weinstraße Srednje Slovenske Gorice

Auch hier findet sich wieder eine bekannte Wallfahrtskirche: Polenšak. Sie ist der Mutter Gottes geweiht. Dicht bewaldete Bergrücken, Edelkastanien, Pilze, dazwischen Weingärten: Slovenske Gorice ist eine Landschaft, die wirklich als wunderschön bezeichnet werden darf. Vom Aussichtsturm auf Gomila hat der Besucher wahrscheinlich den besten Überblick.

Die Weine der Slovenske Gorice sind der Laški rizling, der Šipon, die Burgunder, der Portugieser, der gelbe Muskateller, der Kerner, der Rheinriesling, der grüne Silvaner, Chardonnay, Sauvignon und der Traminer.

Wer ist der Šipon? Als Napoleon in Ptuj einzog, brachten ihm Weinbauern unterwürfig einen Wein, der Furmint genannt wird. Napoleon nahm das Glas, tat einen Schluck

und meinte zufrieden: »Ah, c'est bon!« (Ah, das ist gut.) Die Bauern, die das nicht verstanden hatten, lobten Napoleon, er habe den Wein sogleich erkannt. Seitdem heißt der Furmint »Šipon«.

Die Ormož-Weinstraße

Sie entführt uns in die landschaftlich wohl reizvollste Gegend des Anbaugebietes Podravje: Jeruzalem. Eigentlich gibt es für Jeruzalem eine eigene Weinstraße, doch ich ziehe beide Straßen zusammen, da sie räumlich nicht allzu weit getrennt sind. In Ormož gibt es eine einst staatliche Weinkellerei, die mit ihren Weinen »Ormož« und »Jeruzalem« seit Jahren internationale Anerkennung und Auszeichnung erfuhr. Ormož (Friedau) selbst ist eine Kleinstadt, die auf einem Hügel über der Drava (Drau) erbaut wurde. Das Schloss ist sehenswert, vor allem wegen des Arkadenhofs. Auch der Schlosspark mit seinen mehr als 100 verschiedenen Bäumen ist eine Augenweide. Wer in die Weingebiete reisen möchte, der kann in dieser Stadt sein Nachtquartier aufschlagen.

Der erste Weg führt uns in die Weinhügel von Jeruzalem: Um diesen Namen rankt sich ebenfalls eine Legende. So sollen Ritter des Malteser Ordens, die sich auf dem Kreuzzug nach Jerusalem befanden und wegen Geldmangels nicht den See-, sondern den Landweg benützten, in diese Weinbauregion gekommen sein. Es gefiel ihnen hier so gut, dass sie beschlossen, zu bleiben. Sie nannten den Hügel Jeruzalem, als hätten sie damit ihr ursprüngliches Ziel erreicht. Die Weingärten in den zahlreichen Hügeln sind teilweise sehr steil. Mit dem Traktor ist die Arbeit im Weinberg allerdings nicht mehr so schwer wie einst.

Das Weinbaugebiet Podravje ist bekannt für Weißweine, die größtenteils halbtrocken oder gar halbsüß ausgebaut werden. Die berühmtesten Winzer sind Kupljen, Kogl und Čurin sowie die Kellereigenossenschaft Ormož–Jeruzalem.

Von Jeruzalem geht es weiter nach Ljutomer, wo der milde »Luttenberger« herstammt. In diesem Gebiet wird auch der Rheinriesling stark angebaut – ebenfalls oft halbtrocken. Doch das ist eine Geschmackssache. Wie die Winzer alle versichern, besteht eine starke Nachfrage nach halbtrockenen oder halbsüßen Weinen. Die kleine Stadt liegt am Beginn der Ebene hin zur Mur.

Die Goričko-Weinstraße

Diese Weinstraße führt meist auf dem linken Ufer des Mura-Flusses zwischen der österreichischen und der ungarischen Grenze entlang. Das Gebiet wird auch Prekmurje genannt. Weinberge und Ebenen lösen einander ab. Die meisten Weinberge liegen an Südhängen und bringen kräftige Weißweine, manchmal trocken, manchmal halbtrocken. Murska Sobota ist die wichtigste Stadt des Prekmurje. Am Murufer in Veržej befindet sich die Babič-Mühle, die noch voll funktionstüchtig ist. Nicht weit weg ist die Ortschaft Banovci, wo sich warme Thermalquellen befinden. Ein noch größeres Heilbad ist jenes von Lendava an der ungarischen Grenze. Mit 60 Grad sprudelt das Wasser dort aus der Erde und soll gegen Rheuma helfen. Nahe bei Murska Sobota liegt noch ein Heilbad: Moravske Toplice. 60 bis 70 Grad heißes Mineralwasser wird zur Behandlung von Rheuma und Hautkrankheiten eingesetzt. Die Kuranlagen sind recht modern und schön. Schließlich sei noch die Heiltherme von Slatina Radenci (Bad Radein) zu nennen, von wo das »Drei Herzen«-Wasser kommt (Radenska-Mineralwasser). Der Kurort besteht seit 1882.

Kuranwendungen: Für Herz-,

Nieren- und Stoffwechselerkrankungen. Der Süßwasserschlamm ist zudem mit hohem Schwefelgehalt versetzt und daher ideal als Fangopackung zu verwenden.

Die Weinstraße Radgona–Kapelske gorice

Dieser Weg führt uns in die Slovenske Gorice, in die Windischen Bühel, ganz nahe zur österreichischen Grenze – das Land der Klapoteze, der Weinhügel und der meist trockenen Weißweine, ganz nach steirischer Art. In Gornja Radgona (Radkersburg), wo die Mur die Stadt in einen österreichischen und slowenischen Teil teilt, kann im Keller der Firma »Radgonska klet« die 140 Jahre alte Tradition der Sektherstellung besichtigt werden.

In den Dörfern entlang jenes Teils der Grenze, der im Flachland liegt, sind die Storchennester auf Strommasten und Kaminen zu sehen. Meister Adebar ist in sumpfigen Wiesen auf Futtersuche für seine Jungen. Bei Radenci, dem Thermalort, liegt der Berg Janžev hram, wo eine uralte Weinpresse besichtigt werden kann. Von diesem Berg aus genießt man einen herrlichen Blick in die Weinlandschaft rund um Radkersburg. Von dieser Stadt über Lenart führt der Weg nach Maribor, vorbei an kleinen Badeseen und Teichen, an guten Gasthäusern und an Weingärten. Bevor es nach Maribor geht, noch rasch einen Abstecher in Richtung Norden an die Grenze zur Südsteiermark.

Die Maribor-Weinstraße

Šentilj, Slatina und Spičnik sind kleine Weindörfer hart an der Grenze zu Österreich. Teilweise führt die Grenze durch die Weingärten, und so mancher Winzer aus Österreich hat Weinstöcke in Slowenien stehen und umgekehrt. Es ist ein steiles Gebiet, aber das Mikroklima und sehr gute Böden sowie ausreichend Regen im Frühjahr schaffen ideale Bedingungen für sehr gute Weine. Es ist die Gegend des Winzers Valdhuber. Auch die Kellerei von Marburg besitzt hier Weingärten. Rieslinge, Weiße Burgunder, Chardonnay, Sauvignon, Traminer, Muskat oder Portugieser sind nur einige der hier wachsenden Weinreben.

In Maribor, der zweitgrößten Stadt Sloweniens, die am Ufer der Drau liegt, reichen die Weingärten beinahe in das Zentrum hinein. An einem Haus am Ufer der Drau wächst übrigens der älteste Weinstock der Welt. Er ist mehr als 400 Jahre alt, und dem Präsidenten der Republik Sloweniens bleibt es jährlich vorbehalten, die Lese vorzunehmen.

Nahe Marburg befindet sich auch jener Weinberg, der wie eine Pyramide aussieht. Er gehörte der Marburger Kellerei, die diesen Berg auch auf etlichen Etiketten darstellt. Die architektonische Schön-

heit der alten Marburger Häuser ist einen Spaziergang durch die Altstadt wert, sie wird »Lent« genannt. Im Sommer endet so ein Spaziergang meist in einem Schanigarten an der Drau. Als historische Stadt, als Stadt am Fluss, als Sitz einer Universität und als moderne Wirtschaftsstadt besitzt Maribor ein Flair, das seinesgleichen sucht.

Man wird immer wieder hierherkommen, unter Garantie!

Dass Maribor auch als Wintersportort Weltrang besitzt, sieht der Sportbegeisterte Jahr für Jahr im Fernsehen – wenn nämlich die Weltcup-Rennen stattfinden. Auf einem Schiberg, der auch beinahe in die Stadt hineinragt.

Wir besuchen:

Restavracija Bellevue, Rogaška Slatina
Steklarska šola, Rogaška Slatina
Haloze-Weinkellerei Ptuj
Weingut Čurin-Prapotnik, Ormož
Taverna Jeruzalem, Jeruzalem
Weinkellerei Jeruzalem–Ormož
Vino Kupljen, Jeruzalem–Svetinje
Gostilna Rajh, Bakovci, Murska Sobota
Weingut Kisilak, Murska Sobota
Radgonske gorice, Gornja Radgona
Weingut Borko, Gornja Radgona
Gostilna Gergjek, Tišina
Gostilna Šiker, Pernica
Weingut Valdhuber, Svečina
Gostilna Vračko, Kungota
Vinag Maribor, Maribor

Restavracija Bellevue

3250 Rogaška Slatina, Cesta na Bellevue 4, Telefon (03) 581 4870

Eigentümer: Zadravilišče Grand Hotel Rogaška Slatina

Geöffnet: täglich von 10–23 Uhr

Deutsch, Italienisch, Englisch

Der Adel in der österreichisch-ungarischen Monarchie wusste sehr wohl, wo er sich im Sommer gut erholen konnte: im Thermalwasser von Rogaška Slatina und in der Villa Bellevue – hoch oben in den Hügeln, wo der Wind ein wenig für Kühle sorgt und von wo aus eine herrliche Fernsicht in das umliegende Weinland gestattet wird. Das »Bellevue« ist jetzt ein Restaurant, eines mit Qualität, mit einem sehr angenehmen Ambiente, mit Tischkultur, mit gutem Essen, feinen Weinen (Hauptlieferant ist die Vinag Maribor – die über exzellente Weine verfügt) und einem kompetenten, äußerst freundlichen Personal.

Die Spezialitäten des Hauses sind Fleischspeisen (Steaks), Wild, Pilze, Zwiebelsuppe und als Dessert heiße Kirschen mit Eis und Schlagrahm.

Die Villa aus dem vorigen Jahrhundert bietet einige sehr stimmungsvolle, noble Speisestuben: ein rosa Salon, ein blaues Zimmer, ein gemütlicher Schankraum und vor allem ein Gastgarten in Terrassenform, der diesen Blick in die Hügel und ins Tal zulässt. Wem das Essen zu üppig ausgefallen ist, der kann sich danach auf einen Spaziergang, zum Jogging oder auf ein Schläfchen in der Wiese begeben. Das Haus ist mit der Natur sehr verbunden. Das weiß auch »Miki«, ein Eichelhäher: Er kommt täglich, um der Köchin oder dem Kellner aus der Hand zu fressen. Das »Bellevue« ist nicht schwer zu finden: mitten im Ort einfach den Hinweisschildern nachfahren. An den

Thermalhotels und Bädern vorbei, hinauf die Hügel. Sie werden sich dort wohl fühlen. Platz ist für rund 150 Personen (ohne Terrasse).

WC: *im ersten Stock, einfach, sauber*

Čurasko-Spieß

Pro Person:
100 g Rinderfilet, 100 g Rinderlende, 2 Scheiben Speck, Paprika, Zwiebel, Paradeiser, Gemüse zum Garnieren
Beilage: Gemüse gekocht, 1 großer Erdapfel, 20 g Topfen, 20 g gekochter Speck, Salz, Pfeffer

Dieser Spieß gehört zu den am meisten bestellten Speisen im Restaurant Bellevue, weil hier das Fleisch von besonderer Güte ist und vermutlich, weil nur gekochtes Gemüse und Folienerdäpfel als Beilage serviert werden. Somit hat der ohnehin nicht sehr kleine Teller etwas an Üppigkeit verloren.

Das Filet und die Lende mit durchzogenem Speck umwickeln und auf einen Spieß geben. Zwischen die Fleischstücke Paprika und Zwiebel stecken. Je nach Geschmack grillen (am besten medium). Eine große Scheibe Zwiebel und Paradeiser ebenfalls grillen.

Das Gemüse (Karotten, Karfiol etc.) weich kochen. Einen Erdapfel in der Folie im Rohr braten. Dann öffnen, aufschneiden und mit einer Soße aus dem passierten Topfen und dem fein faschierten Speck übergießen.

Steklarska šola

3250 Rogaška Slatina, Steklarska ulica 1, Telefon (03) 818 2000, Fax 581 46 16

Gourmets und Freunde der schönen Dinge dürfen an diesem Ort der feinen Tischkultur nicht vorbeifahren. Die Glasbläserei und die Fachschule für Glasbläser, Glasschleifer, Glasmaler und Optiker sowie Glastechniker (drei bzw. vier Jahre Schulzeit) in Rogaška Slatina sind ein europäisches Zentrum für wunderschöne Glaskunst.

Hier werden nicht nur Weingläser mundgeblasen und handgemacht, sondern auch Weinkaraffen, Bleikristallglas (24 Prozent Bleioxyd), Pokale, Vasen und vieles, vieles mehr.

80 Prozent der Produktion gehen in den Export. Die Steklarska šola hat weltberühmte Kunden: Für Alessi wird ebenso gearbeitet wie für Laura Ashley in London, für Riedel in Tirol, Tequila-Flaschen für Mexiko und so weiter. Viele Kunden wünschen sich individuelles Design – vieles ist möglich.

Berühmt ist die Kollektion des Künstlers Oskar Kogoj. Seine kostbaren Weingläser beispielsweise finden sich im noblen Restaurant des Kendov Dvorec in Idrija wieder.

340 Mitarbeiter umfasst die Glasproduktion – jeder Mitarbeiter ist fachlich besonders gut geschult, die Glasbläser und Glasschleifer wurden in der eigenen Schule ausgebildet. Sie besteht seit 50 Jahren und war einst die einzige ihrer Art in Jugoslawien. »Wir haben eigentlich keine Nachwuchsprobleme«, erzählt Dipl.-Ing. Tatjana Horvat, die Direktorin für den kommerziellen Bereich.

Im Hause befindet sich ein Geschäft, in dem die wichtigsten Gläser aus der Produktion zu Fabrikspreisen verkauft werden.

Gegen Voranmeldung können auch Gruppen aufgenommen werden, die durch die Glashütte geführt werden.

Die meisten guten Restaurants in Slowenien haben Gläser aus Rogaška Slatina auf den Tischen stehen. Sie sind dekorativ, schön und bringen vor allem den jeweiligen Wein im richtigen Glas gut zur Geltung.

Haloze-Weinkellerei Ptuj

KK Ptuj d.o./Vinarstvo Slovenske gorice/Haloze

2250 Ptuj, Trstenjakova 6

Direktor Dipl. oec. Andrej Sajko, Kellermeister Janko Repič

Geöffnet: nach Vereinbarung

Die Wege durch die Weinkellerei Ptuj sind drei Kilometer lang. Mit dem Fahrrad müsste der Kellermeister unterwegs sein, um Fass für Fass abklappern zu können. Dass er dies nicht tun muß, liegt ganz einfach in der Tatsache begründet, dass nicht alle Weinfässer und nicht jeder Kellerraum benützt werden. Ein großer Teil der Keller, die weit unter die Altstadt und den Burgberg reichen, sind sozusagen museal. Im Kellerarchiv von Ptuj lagert auch Sloweniens ältester Wein, ein »Zlata trta« (»Goldene Rebe«), Jahrgang 1917.

Dennoch kann sich der Keller, der noch in Betrieb ist, sehen lassen.

Riesige Holzfässer – das größte noch benützte Fass beinhaltet 40.410 Liter. Es gibt in Koper zwar ein Fass, das ein paar Liter mehr aufnehmen kann, doch dieses ist nicht mehr in Gebrauch. Also kann sich das Rekordfass von Ptuj als »größtes Weinfass Sloweniens« bezeichnen lassen.

Die Geschichte dieser Kellerei begann bereits im 13. und 14. Jahrhundert mit Minoriten und Dominikanern, die den Weinbau durch Jahrhunderte betrieben. Heute ist die Kellerei eine Aktiengesellschaft. Die meisten Aktien sind im Besitz der Mitarbeiter.

In Ptuj werden auf 500 Hektar rund 5 Millionen Liter Weine produziert. 90 Prozent davon sind Weißweine. Die Leitsorte ist der Renski rizling, der Rheinriesling. Die beste Großlage ist jene von Haloze. Ein sonnenüberflutetes Gebiet – ähnlich sonnenreiche Gebiet gibt es lediglich vier Mal auf der Welt.

Von den Rotweinen können der Modri Pinot (Pinot Noir) und der Frankinja, der Blaufränkische, genannt werden.

Weingut Čurin-Prapotnik

2270 Ormož, Kog 15
Winzer: Familien Čurin & Prapotnik
Deutsch
Geöffnet: nach Vereinbarung

»Ich gehe in den Weingarten zur Lese, wenn alle anderen diese bereits abgeschlossen haben«, erzählt Stanko Čurin und fügt hinzu: »Wenn die Vögel dann noch etwas von den Trauben übrig gelassen haben.« Stanko Čurin war der erste Winzer in Slowenien, der Eisweine produziert hat. Er ist der einzige in Slowenien, der sich auf Auslesen, Spätlesen und noch mehr auf Beerenauslesen, Trockenbeerenauslesen und Eisweine spezialisiert hat. Aus der Spezialisierung ist bei Stanko im Laufe der Jahre eine Qualitätsmanie im positiven Sinne geworden: »Wir können nur mit Qualität weiterkommen«, war schon immer seine Maxime.

1972 stiegen Tochter Jelka und ihr Gatte Slavko in das Weingeschäft ein, und jetzt in der dritten Generation hat Enkel Borut die Agrarschule in Maribor beendet. Als Bub hat er seine ersten Schritte im Weinkeller begonnen und wird dort bald weitere große Schritte tun.

Denn was Opa Stanko aufgebaut hat, ist das slowenische Wunderwerk an Prädikatsweinen. Sie haben Weltformat, ohne Zweifel. Jeder Kenner ist überrascht, in welcher Vielfalt die Familien Čurin und Prapotnik (Name des Schwiegersohns) ihre Prädikatsweine keltern:

Von Šipon und Traminer, über Laški rizling, Renski rizling, Sauvignon, Weißburgunder, Chardonnay, Grauburgunder, Muškat Otonel – mehr als 20 Sorten an Prädikatsweinen bietet Čurin an. Und jedes Tröpferl ein »Aha«-Erlebnis.

Die Arbeit im Weingarten ist hart. Die Hänge sind steil, und ab Mitte Oktober muss der Winzer abends zum Kampf gegen die Vögelschwärme rüsten: »In einer Stunde haben sie mir auf zwei Hektar alle trockenen Beeren gefressen«, erinnert sich Stanko an schlimme Erlebnisse. Da nützen die Netze nichts, der Klapotez ist nur für Touristen zum Staunen, und da hilft der Einsatz von Gasbomben oft nicht sehr viel. »Folien würden helfen«, weiß Stanko, »aber die sind viel zu teuer«.

Die meisten Weintrauben werden ab Mitte November und bis in den Dezember hinein geerntet. Stück für Stück, manchmal ist die »Tagesausbeute« lediglich 10 Liter Prädikatswein – aber was für einer!

Das Weingut befindet sich in den Hügeln von Kog, einer gottbegnadeten, wunderschönen Gegend. Direkt an der Straße liegt die Kellerei, das Wohnhaus ist etwas entfernter. Daher lohnt es sich, einen Besuch telefonisch anzukündigen.

Taverna Jeruzalem

2259 Ivanjkovci, Jeruzalem, Svetinje, Telefon (02) 719 4015, Fax 719 412 8, www.vino-k.de

Wirt: *Marjan Novak*

Deutsch

Geöffnet: 11–23 Uhr, kein Ruhetag

Von Jeruzalem sind es nur etwa zwei Kilometer in die prächtige »Taverna« des berühmten Winzers Kupljen, ein altes Landhaus, umgebaut zu einem gemütlichen Wirtshaus. Holz herrscht vor: schwere Tische und Stühle, eine Theke wie in einer Almhütte, man glaubt sich in die Tenne eines altösterreichischen Bauernhofes versetzt. Im Keller ein Weindegustationsraum und ein Raum, in dem große Eichenfässer lagern. Dort wird der Blauburgunder gekeltert, die große, rote Ausnahme in diesem berühmten Weißweingebiet von Jeruzalem und Ormož. Nur der Keller ist über 200 Jahre alt, die Taverne selbst hat der Winzer in den 80er Jahren begonnen aufzubauen – mit viel Liebe und Sensibilität für die Gegend. Das Lokal selbst führt er nicht, er hat es an Marjan Novak verpachtet, der als Wirt alles versucht, um hohe Qualität zu bieten.

Die Spezialitäten in dieser Taverne sind solche, die die Bäuerinnen in der Gegend seit altersher kochen: Kübelfleisch, gekochter, geräucherter Schinken, »Postržnjača Prleška« (warmes Speckbrot) und »Postržnjača Štajerska« (ein warmes Käsebrot). Dann gibt es die Steinpilzsuppe, verschiedene Fleischspeisen, etwas für Vegetarier, für Kinder und für süße Schleckermäuler. Eine gute Mischung zwischen regionalen Spezialitäten und internationalen Gerichten. Die Weine, die die Taverna anbietet, stammen natürlich alle aus dem Hause »Vino Kupljen«.

WC: getrennt, sauber

Grammelbrot
Roggenmehl, Germ (Hefe), Grammelschmalz, Salz

Aus dem Roggenmehl und der Germ sowie etwas Wasser und Salz einen Teig wie für eine Pizza kneten. Rasten lassen und dann Stücke so groß wie eine Pizza ausrollen. Im Ofen backen, auf Teller legen und mit dem heißen Grammelschmalz übergießen.

Tortenecken ausschneiden und den Teller in die Mitte des Tisches

stellen, damit jeder bequem hinlangen kann. Achtung: dieses Brot schmeckt zwar köstlich, ist aber sehr deftig. Ein Brot reicht zum Wein für vier Personen.

Käsebrot

Roggenmehl, Germ, Wasser, Salz, frischer Schnittkäse

Erst den Teig kneten, rasten lassen, runde Stücke ausrollen, mit dünnen Käsescheiben belegen und wie eine Pizza im Ofen backen. Ein Stück Brot reicht für zwei Personen. Ideal zu Rotweinen oder Weißweinen im Barrique.

Weinkellerei Jeruzalem Ormoz

Jeruzalem Ormož VVS, d.d.
2270 Ormož, Kolodvorska 11
Telefon (02) 7415 700,
Fax (02) 7415 707
www.jeruzalem-ormoz.si
e-mail: info@jeruzalem-ormoz.si
Önologe: Danilo Šnajder
Deutsch, Englisch
Geöffnet: nach Vereinbarung

550 Hektar Weingärten, Obstbau und Kellerei – ein riesengroßer Betrieb, ein junger, dynamischer Önologe, ein blitzblank sauberes Haus und Weine, die vor Medaillen nur so strotzen.

In den 60er Jahren wurden in Slowenien nach einem architektonischen Prinzip mehrere Weinkeller errichtet: Sie verfügen über zwei Stockwerke oberhalb und fünf Stockwerke unterhalb der Erde. Mit Erde ist in diesem Fall ein Berg gemeint, in den die Riesenanlage hineingebaut wurde. Sehr logisch, was den Aufbau, sehr praktisch, was den Arbeitsablauf betrifft. Diese Art von Kellerei ist sehenswert.

Zehn Sorten Weißwein werden hier gekeltert. In Mengen ausgedrückt: Die einstige Kellereigenossenschaft, das folgende Kombinat und jetzt die Aktiengesellschaft (15 Prozent der Aktien sind im Besitz der Mitarbeiter) produziert im Jahr bis zu sechs Millionen Liter Wein. Die Qualitätsweine reifen in 250 großen Eichenfässern. Das sind immerhin 75 Prozent der Produktion.

Das Angebot ist, wie gesagt, vielfältig: vom Sekt »Jeruzalem« und »Club Slovin« über die Qualitätsweine wie Sivi Pinot, Rulandec, Chardonnay, Beli Pinot, Traminec, Zeleni silvanec, Sauvignon, Renski rizling, Laški rizling, Šipon und Muškat Otonel. Als Spätlesen bietet die Kellerei Chardonnay, Laški rizling, Sauvignon und Renski rizling an.

»Mit Andacht«, so die Werbung der Firma, sollten die Eisweine und die Beerenauslese getrunken werden. Was nach dem ersten Schluck jeder Weinfreund verstehen wird.

Die Kellerei führt gegen Voranmeldung auch Gruppen durch das Haus und kann im obersten Geschoss in einem eigenen Raum, der 80 Personen Platz bietet, Verkostungen durchführen. Dabei kann auch warmes Bufett bestellt werden.

Vino Kupljen

2259 Ivanjkovci, Jeruzalem–Svetinje, Tel. und Fax (02) 719 4001
e-mail: vino-k@t-online.de

Winzer: Jože Kupljen

Deutsch

Mitglied der Ars vini

Geöffnet: nach Vereinbarung

Überall in den Hügeln rund um Jeruzalem und Ormož werden die Weißweine in erster Linie halbtrocken oder halbsüß ausgebaut. Der Winzer Kupljen ist da eine der wenigen Ausnahmen: Er keltert fast nur trockene Weine. Und er ist der Einzige weit und breit, der Rotweine von höchster Qualität anbieten kann: einen Pinot Noir, den Blauburgunder.

Die Weine aus diesem Haus gehören zu den besten Sloweniens. »Mit Sonne und Liebe gemacht«, sagt der Winzer. Und mit Können – sagt der Weinkenner. Die Weine von Kupljen haben bisher viele Auszeichnungen einheimsen können.

In Ivanjkovci besitzt der Winzer in seinem großen, modernst ausgestatteten und sehr liebevoll restaurierten Weingut eine Vinothek mit einem Verkostungsraum, ein Ritterzimmer und eine Weinakademie. Das Ritterzimmer soll an jene Malteser Ritter erinnern, die während des 2. Kreuzzuges hier geblieben sind und von denen der Name Jeruzalem stammt. Es waren nicht nur Malteser, sondern auch Ritter aus Frankreich, Spanien und dem deutschen Kaiserreich.

Die Leitsorten des Hauses sind: Šipon (Furmint), Laški rizling (Welschriesling), Renski rizling (Rheinriesling), Sauvignon, Beli Pinot »Selection 85« (Weißburgunder), Sivi Pinot (Ruländer), Chardonnay und Traminer. Auch ein Sekt nach der klassischen Methode wird angeboten: Rizling Brut Classic – drei Jahre in der Flasche gereift.

Vino Kupljen hat die »1. International Wine Bank of Slovenia« errichtet. Eine gute Marketingidee: In einem eigenen, klimatisierten Keller lagern Weine der Kunden. Man kauft sechs Flaschen Wein, erhält ein Zertifikat und lässt die Weine in diesem Keller liegen. Innerhalb von zehn Jahren hat man die Weine zu verbrauchen. Das Zertifikat kann auch verschenkt, verkauft oder vererbt werden. Es sind recht viele Flaschen, die dort lagern, also wird diese Geschäftsidee sehr gut angenommen.

Kupljen ist ein Meister der malolaktischen Gärung – seine Weine haben eine feine Säure, sie sind nicht so »streng« wie so mancher steirische Wein aus Österreich.

Jože Kupljen ist ein Winzer der modernen Zeit: Qualität hat absoluten Vorrang, aber auch Marketing, Finanzüberlegungen, Technologie und strategische Planung. So produziert Kupljen einen Chardonnay im Barrique, der an die großen Chardonnays aus Kalifornien erinnert. Über seine Firma an der Mosel beliefert der Winzer nicht nur den deutschen Raum, er ist auch ein Spezialist der Rheinrieslinge – weil er sie an Ort und Stelle studieren kann. Das wirkt sich auch auf die Qualität seiner Jeruzalemer Rheinriesling aus. Kupljen, der ständige Tüftler, träumt von einem Grand Cru – der Großlage Jeruzalem als eigenes Weinanbaugebiet mit enormer europäischer Breitenwirkung. Er wird das schon schaffen, tüchtig genug ist er ja.

Gostilna Rajh

6900 Murska Sobota, Bakovci
Telefon (02) 543 9098
e-mail: rajh.n1@siol.net

Wirt: Ignac Rajh

Deutsch

Mitglied der »Alpen-Adria-Wirte«

Geöffnet: 11–23 Uhr, Sonntag bis 17 Uhr, Montag geschlossen

Das war doch einigermaßen auffallend: Vor dem Gasthaus Rajh parkten zahlreiche Autos mit deutschem Kennzeichen. Österreicher habe ich keine gesehen, obschon das Rajh Stammgäste auch aus der Steiermark sowie aus Italien besitzt. Schließlich gehört das Wirtshaus der Organisation der »Alpen-Adria-Wirte« an.

80 Prozent Heidenmehl, Weizenmehl und geriebene Nüsse – das ist der Teig, aus dem das herrliche Brot gebacken wird. Ein Genuss – dieses Brot und Wein, was braucht der Mensch mehr? Übrigens: Der Wirt ordert sehr viele Weine beim Winzer Magdič in Ljutomer. Weiße Cuvées zum Beispiel – hervorragend. Das ist aber nicht alles: Das »Rajh« (Raich gesprochen) bietet eine Auswahl der besten Weine des Landes an. Auf der Weinmesse in Ljubljana hat der Wirt für seine Weinkarte eine Auszeichnung erhalten. In seinem Weinkeller lagern mehr als 3000 Flaschen verschiedenster Jahrgänge und Weine. Der Keller ist eine Augenweide. Und auch eine Fundgrube, denn er dient dem Hause auch als Vinothek, in der die Gäste oft nach dem Essen Wein kaufen.

Auch die Speisekarte zeigt, dass die Küche imstande ist, tolle Kost zu bieten. Empfehlenswert das Bogratsch-Gulasch, es wird in einem kleinen Kessel serviert: ein wenig Schweinefleisch, Rind und Wild. Gulasch kocht der Wirt gleich 100 Liter. Ignac Rajh serviert gerne Wild. Aber auch Meeresfische.

Großes Augenmerk legt er auf regionale Spezialitäten: Steinpilzcremesuppe mit Buchweizen, Rindsuppe mit Tafelspitz und so weiter. »Ich koche jeden Tag fünf Suppen«, erklärt er voll Stolz. Jeden Tag gibt es auch gebratenes Lamm – immer frisch. Eine Köstlichkeit.

WC: *sehr gepflegt*

Bogratsch-Gulasch

Für 10 Personen:
2 kg Zwiebeln, etwas Paprika und Pfefferoni, je 50 dag Rindfleisch, Reh, Hirsch, Wildschwein, Schweinefleisch, 10 dag Knoblauch, Lorbeerblatt, Thymian, Majoran, gemahlener Kümmel, 10 Pfefferkörner, 1–2 EL Paprikapulver (halbsüß), Wasser od. Rindsuppe, 1 EL Paradeismark, 10 Erdäpfel, 2 dl Rotwein, Salz, Pfeffer

Zwiebel klein schneiden und in Schweinefett goldgelb anrösten. Klein geschnittene Paprika und Pfefferoni beimengen. Das Fleisch in Würfel schneiden und erst Rind, dann das Wild und schließlich das Schweinefleisch mitrösten. Knoblauch dazugeben, würzen und das Paprikapulver beimengen. Mit Rindsuppe oder Wasser aufgießen. Und zwar so, dass das Fleisch bedeckt ist. Jetzt köcheln lassen, bis das Fleisch weich ist. Das dauert etwa zweieinhalb Stunden. Pro Person einen Erdapfel geviertelt beimengen, dann das Paradeismark dazugeben, und alles noch einmal 20 Minuten dünsten lassen. Schließlich den Rotwein beigeben, ziehen lassen und fünf Minuten später servieren.

Das Gulasch schmeckt auch am nächsten Tag aufgewärmt noch hervorragend.

Weingut Kisilak

9000 Murska Sobota, Liškova 55, Černelavci

Winzer: Alois Kisilak

Geöffnet nur auf Anmeldung

Deutsch

Er ist ein Qualitätsfanatiker, sagen die einen, er riskiert sehr viel, meinen andere: Der Erfolg gibt aber dem Alois recht. Der Winzer an der Grenze zu Österreich (Richtung Kramarovci) keltert Weine, die immer wieder für Medaillen gut sind. So vor allem den »Miklavžev Chardonnay« – der Wein, dessen Lese am Nikolaustag stattfindet. Sie kann natürlich durch schlechtes Wetter oder Frost beeinträchtigt werden. Doch bisher hat durch Glück und Können diese Spätlese immer Medaillen bei Wettbewerben gebracht. »Nur 1000 Flaschen gibt es davon«, erzählt mir der Winzer. Ich habe ihn durch Zufall auf der Terrasse des Restaurants Rajh getroffen, wo er dem Wirt gerade seinen jüngsten Nikolaus-Wein vorgestellt hatte. Natürlich war ich bei der Verkostung dabei – und vom Produkt begeistert.

Alois Kisilak produziert auch andere Weine: Rheinriesling und Blaufränkischen, um nur zwei zu nennen. Sie sind ebenfalls von hoher Qualität. Das macht die harte Arbeit im Weingarten und das Gespür für den Wein während der Gärung – der Winzer hat beides gut im Griff.

Radgonske gorice

Gornja Radgona d.d.

9250 Gornja Radgona, Jurkovičeva 5, Telefon (02) 564 85 10, Fax 56 110 39, e-mail: kms.radgonske.gorice@siol.net

Önologe: Dipl.-Ing. Alojz Filipič

Geöffnet: nach Vereinbarung

Wer diesen Keller nicht gesehen hat, der kennt das Außergewöhnliche von Slowenien nicht. Wer hier nicht gestaunt und andächtig den goldenen Sekt der Kellerei gesüffelt hat, der weiß nichts über Sloweniens Weine.

Also der Reihe nach: In Gornja Radgona, am Rande des Zentrums unweit der Mur, liegt diese schöne, große Weinkellerei. Es sind mehrere Gebäude, die sich an den Berg schmiegen und alle sehr sauber renoviert wurden. Erst fällt die Vinothek auf, die sich direkt vor der Einfahrt befindet und in der der Besucher Weine und die bekannten Sektsorten »Zlata Radgonska penina« (Radgonas goldener Sekt), »Srebrna Radgonska penina« (Radgonas silberner Sekt) kaufen kann. Für eine Führung durch die Kellerei hat sich der Besucher vorher anzumelden.

Die Kellerei mit ihren 136 Beschäftigten ist eine Aktiengesellschaft, deren Kapital sich auf die Mitarbeiter verteilt. 300 Hektar Weingärten und 600 Hektar Obstgärten (Äpfel) werden bewirtschaftet.

Pro Jahr verkauft die Kellerei etwa 2,5 Millionen Flaschen Wein. Mit dem Wein- und dem Obstverkauf wird ein Umsatz von rund 100 Millionen Schilling (über 13 Millionen Mark) erzielt.

Wie hält ein so großer Betrieb Qualität? »Wir sind in einem recht guten Weinanbaugebiet. Das ist schon der erster Grund«, ist der Önologe Dipl.-Ing. Filipič überzeugt. Diese Kellerei gehöre zu den besten steirischen Anlagen in Slowenien. Früher wurden Weine auch an den Hof des Kaiser Franz Josef geliefert.

Besonders bekannt wurde die Kellerei durch den Sekt, der nach der Champagner-Methode produziert wird. Laut einer alten Laibacher Zeitung hat ein gewisser Kleinoschegg aus Laibach im 19. Jhdt. die ersten Sekte verkauft. Viele Slowenen sind überzeugt, dass hier der beste Sekt des Landes produziert wird. Besonders stolz ist der Önologe auch auf den »Bouvier« – eine autochthone Sorte dieser Gegend: Der Wein nennt sich »Radgonska Ranina«, ist ein Prädikatswein mit wunderbarem Bouquet und diskretem Muskataroma. Der Wein wird halbtrocken ausgebaut. Weitere stille Weine von toller Qualität sind der Traminer und der Janževec, ein Cuvée aus verschiedenen Weißweinen.

So weit zu den Weinen. Der neue Keller, der in den Berg gebaut wurde und an dem vier Maurer zwei Jahre gearbeitet haben, ist die noch größere Überraschung: In diesem Keller entspringt eine Quelle, fließt über die Kellerwand auf den Boden und von dort als kleines Bächlein (das gefasst wurde) hinaus und mündet in die Mur. An den Wänden haben sich sogar Tropfsteine gebildet. Dieser Keller ist der Stolz der Firma, man zeigt ihn Gruppen gerne, lässt dort Weine verkosten und die Leute staunen. Mir ging es nicht anders.

Weingut Borko

9250 Gornja Radgona, Partizanska 47
Telefon (02) 561 13 94

Winzer: *Ivan, Marija und Daniela Borko*

perfekt Deutsch

Geöffnet: nach Vereinbarung

Ob das der älteste Keller Sloweniens ist? So genau weiß es auch der Winzer nicht. Aber was den Besucher romantisch stimmt, ist für den Weinbauern eine Last: Das historische Bauernhaus, in dem der Keller untergebracht ist, steht unter Denkmalschutz. Und während herumverhandelt wird, ob die öffentliche Hand etwas zur Renovierung beiträgt oder ob sie die Pläne überhaupt bewilligt, zerfällt das wunderschöne Gebäude mehr und mehr. In den Weinhügeln unter mächtigen Bäumen sitzt der Besucher im Schatten an einem Steintisch, der auch schon jahrhundertealt ist: Idylle wird so etwas genannt. Mit einem Glas Wein in der Hand, etwas Schinken und Käse am Tisch, ist diese Idylle auch tatsächlich perfekt.

Der Keller liegt nicht beim Haus der Winzerfamilie, sondern etwas außerhalb der Ortschaft in Črešnjevci Nummer 9.

Der Wein wird nur im Holzfass ausgebaut. Es sind uralte Fässer. »Unser Weingut ist 30 Jahre alt, früher war der Vater der Besitzer, jetzt ist er krank, seit fünf Jahren leite ich die Geschäfte«, erzählt Daniela, die Tochter. Sie ist Agraringenieurin und hat in Ljubljana studiert, »viel habe ich vom Vater gelernt«.

Borko wurde mit dem Rheinriesling berühmt, doch der liebste Wein der Winzerin ist Sauvignon. Sie mag aber auch den Ruländer, den Weißburgunder und den Chardonnay. Von den 500 Rotweinstöcken werden lediglich die Trauben verkauft.

1995 wurde vom Weißburgunder und Traminer eine Trockenbeerenauslese gekeltert: Da gab es gleich Medaillen auf den Weinmessen in Slowenien. Diese Weine sind nicht billig, aber von hervorragender Qualität und ihren Preis wert.

Das Weingut ist sechs Hektar groß, auf denen etwa 22.000 Stöcke wachsen. Nur Qualität verkauft sich, und da achtet die Winzerin darauf. Die meisten Weine werden halbtrocken oder halbsüß, nur der Sauvignon 1997 wird trocken ausgebaut. Die Kundschaft liebt eher die süßeren Weine.

Wer die Kellerei besichtigen möchte, der sollte telefonisch einen Termin vereinbaren. In zwei Jahren, so hofft Daniela, ist das Haus neben dem Keller fertig gestellt und dann »sind wir immer da«.

Gostilna Gergjek

9251 Tišina 5a,
Telefon (02) 546 100 7
Wirte: Bojan Gergjek
Deutsch, etwas Italienisch
Geöffnet: 8–23 Uhr, Samstag 7–19 Uhr, Dienstag Ruhetag

Unsere Reisebegleiterin Mira erzählte, dass die Gostilna ein altes Gasthaus wäre. Der Umbau hat zwar das Restaurant etwas größer, aber vom Erscheinungsbild auch moderner gemacht. Was aber nicht heißt, es habe an Qualität verloren. Mitnichten: Hier wird vorzüglich aufgekocht. Regionale Spezialitäten, auch solche mit ungarischem Einfluss (die Grenze ist ja nicht allzu weit entfernt). Schwammerlsuppe gibt es hier ebenso wie Kübelfleisch, Blutwurst, Kalbsbeuschel (es wird hier Saure Suppe genannt), Gulasch (aus dem Kessel), Backhendel.

Marija, von allen liebevoll Mimi genannt, die Mutter des jungen Wirts, pflegt mit Hingabe den eigenen Garten, der für allerlei Köstlichkeiten Nachschub liefert. Das Angebot der Saison bestimmt auch die Tagesmenüs.

Die meisten Gäste kommen aus Slowenien. Wegen der Transitroute und dem guten Essen trifft man auch Italiener, die ja ein besonderes Gespür für gute Küche besitzen. »Auch Österreicher zählen wir zu unseren Stammgästen«, freut sich Bojan, der Wirt.

Dass es hier die besten Weine der Untersteiermark und des Prekmurje gibt, ist klar. Eine Spezialität sollte jeder Besucher verkosten: den Luštrek (Liebstöckel-Schnaps). Er ist süffig und gilt als »Medizin«. Nach dem üppigen Essen ist er auf alle Fälle eine wohltuende Verdauungshilfe. Von den Süßspeisen empfehle ich die Gibanica, den Topfen- und Apfelstrudel.

Das nette Restaurant ist nicht zu

verfehlen. Es liegt in Tišina direkt an der Straße, gegenüber der Kirche. Einige hundert Meter zuvor weist ein Schild auf die Gostišče hin.

WC: *modern, sehr sauber, getrennt*

Gibanica

Rezept für 10 Personen:
3 Packungen Strudelteig (oder selber machen), 200 g Butter, 50 g grob gehackte Walnüsse zum Bestreuen, 2 dl Süßrahm
Topfenfülle: 60 g Butter, 50 g Zucker, 500 g Bröseltopfen, 1 Ei, 1 dl Sauerrahm, 80 g in Rum eingeweichte Rosinen
Apfelfülle: 500 g geschälte in dünne, Scheiben geschnittene Äpfel, 40 g Zucker, Zimt, Zitronenschale, 100 g grob gehackte Walnüsse, Zitronensaft
Mohnfülle: 250 g Mohn gemahlen (Anbaujahr beachten, nur frische Ernte verwenden), 3 dl heiße Milch, 50 g Zucker (oder Honig), 1 dl Sauerrahm

Empfohlen wird, eine Tonschüssel, die zum Backen geeignet ist, zu verwenden. Erst eine Schicht Strudelteig, leicht getrocknete Blätter, legen. Dann zerlassene Butter darüber gießen. Die erste Schicht Apfelfülle einlegen, dann Strudelblätter drauf und wieder mit zerlassener Butter beträufeln, dann Topfenfülle darüber, Strudelblätter drauf und mit Butter beträufeln. Zum Schluss die Mohnfülle auflegen, Strudelblätter darüber legen. Das wird so lange wiederholt, bis die letzte Fülle zwei Zentimeter unter dem Topfrand ist. Jetzt mit zwei Schichten Teig belegen, mit Butter beträufeln. Zum Schluss Süßrahm auf den Teig schütten, grob gehackte Nüsse darüber streuen, Kristallzucker darüber, ein paar Butterflocken auflegen. Bei 180 bis 200 °C rund eine Stunde backen.

Gostilna Šiker

2231 Pernica, Močna 7
Telefon und Fax (02) 720 69 21
www.gostilnasiker-sp.si
e-mail:siker@gostilnasiker-sp.si

Wirtin: Breda und Silvester Cotar

Deutsch

Geöffnet: 8–20 Uhr, Sonn- und Feiertage 9–20 Uhr, Montag und Dienstag Ruhetag

Auf dem Weg von Maribor nach Lenart (Richtung Murska Sobota) liegt der Landgasthof Šiker. Seit 1870 wird der Hof bereits als Gasthaus im Familienbesitz geführt. Früher gab es zum Gasthaus auch eine große Landwirtschaft. Auf der gegenüberliegenden Straßenseite weist das große Wirtschaftsgebäude noch auf jene Zeit zurück. In diesem Haus will Silvester, der Gatte der Wirtin, ein Bauernmuseum einrichten: »Alles schön langsam.«

Das »Šiker« ist ein schönes Gasthaus, mit mehreren Gaststuben, einer großen Terrasse und einem schönen Kinderspielplatz. Die einzelnen Stuben sind sehr geschmackvoll eingerichtet und wirken so warm und behaglich.

An den Wänden der Gaststube weisen zahlreiche Urkunden auf Auszeichnungen für besondere Verdienste um den Tourismus und die Erhaltung der regionalen Küche hin. »Wir kochen auch international, weil viele Gäste aus ganz Europa bei uns einkehren«, sagt die Wirtin. Meist sind es Menschen, die sich auf der Transitroute in Richtung Ungarn befinden.

Im Herbst und Winter werden Bauernschmaus, Schlachtplatten, Blutwurst im Sauerkraut angeboten. Der gefüllte Kalbsbraten bzw. die gefüllte Kalbsbrust gehört zu den gerne bestellten Klassikern im Wirtshaus. Als Familiengasthaus haben die Wirte auch ein Herz für Kinder: eigene Kindergerichte, jedes Kind erhält ein Malblatt, der Kinderspielplatz hinter dem Haus.

Auf Vegetarier wurde auch nicht vergessen. In der Speisekarte finden

sich einige Gerichte für Freunde fleischloser Kost.

Welschriesling, Weißburgunder, Muskat Ottonell und Blaufränkisch kommen aus dem eigenen Weingut, das sich in Richtung Kärntner Grenze befindet.

WC: sehr sauber, getrennt

Charlotte

8 Eier, 400 g Zucker, 2 Pkg. Vanillezucker, ¼ l Milch, 8 Blatt Gelatine, 300 g fertiger Biskuit zum Auslegen, Rosinen, Schokolade, Himbeersaft, Schlagrahm

Eigelb mit 160 g Zucker und heißer Milch über Dampf aufschlagen. In kaltem Wasser eingeweichte Gelatine dazugeben, vom Dampf wegnehmen. Aus Eiweiß und 240 g Zucker Schnee schlagen und zum Eigelb unterheben. Die Masse in drei Teile teilen. Zu einem Teil aufgeweichte Schokolade, zum zweiten Teil Himbeersaft mischen, der dritte Teil bleibt gelb. Die Form mit den verschiedenen Teilen übereinander füllen. Den Biskuitboden darauf legen, eine Stunde ins Tiefkühlfach und dann noch drei Stunden in den Kühlschrank stellen. Vor dem Servieren wird die Charlotte gestürzt, damit der Biskuitboden unten liegt. Dann obenauf mit verschiedenen Früchten und Rosinen garnieren.

Weingut Valdhuber

2201 Zg. Kungota, Svečina 19, Telefon (02) 656 49 21
Winzer: Alojz, Janez und Bogomir Valdhuber
Deutsch, Englisch
Geöffnet: nach Vereinbarung

Zur österreichischen Grenze sind es nur 50 Meter – auf der »anderen« Seite ist die steirische Weinbauregion Gamlitz. Die Gegend, in der die Familie Valdhuber ihre Weingärten besitzt, ist für den Besucher romantisch, für den Weinbauern schwierig: steile Hänge. Aber das Mikroklima und die Bodenbeschaffenheit bevorzugen den Weinanbau. Und daher sind die Valdhuber Kreszenzen nicht nur in Slowenien bekannt.

Zwei Brüder und der Vater arbeiten in diesem Betrieb zusammen. Die Brüder teilen sich die Arbeit zwischen Weingarten und Keller. Seit 1989 wird in Flaschen abgefüllt. Als einer der Valdhuber Buben auf die Uni ging, um den Weinbau zu studieren, wurde mit seinen neuen technischen Kenntnissen umgestellt: von offenen Weinen zu Qualitätsweinen in der Flasche.

Hauptsorte ist der Rheinriesling, es werden aber auch Kerner, Sauvignon, Chardonnay und Traminer angebaut. Der Erfolg zeigt sich nicht nur im guten Verkauf, sondern auch durch zahlreiche Goldmedaillen bei der internationalen Weinmesse in Ljubljana, bei der Vinovita in Zagreb und

beim Vino Forum in Österreich mit Sauvignon 1992. Dort wurde der Valdhuber-Sauvignon sogar Champion.

Das Haus Valdhuber besitzt fünf Hektar Weinfläche, für dieses Gebiet ein mittelgroßer Betrieb, was die Qualität anlangt, vermutlich der beste in dieser kleinen Region. Da steht eine ganze Familie mit Ehrgeiz und Freude dahinter. Erfahrung und moderne Technologie verbinden hier Alt und Jung zu einer guten Arbeit. Denn Janez Valdhuber hat sich vom Studenten bereits zum Assistenten in der Uni von Marburg hochgearbeitet.

Die Großmutter ist 90 Jahre alt und hilft noch immer im Weinberg mit. Als sie Kind war, lebten ihre Eltern in Graz. Weil die Zeiten damals so schlecht waren, wurden die Kinder aus der Stadt zu Familien auf dem Lande gebracht, die keine Kinder hatten. So kam das Mädchen in dieses Bauernhaus. Sie hieß zu dieser Zeit Huber, wuchs hier auf, erbte das Haus, heiratete einen Burschen namens Valdhuber und legte somit den Grundstock für den heutigen Erfolg.

Der Weinort Svečina ist touristenfreundlich, überall führen Wegweiser zu den Winzern hin. Die Valdhubers sind sozusagen im Talschluss, im Land des Klapotez. Sie besitzen den letzten Weinstock vor der Grenze zu Österreich. Und sind stolz auf gute Nachbarschaft.

Gostilna Vračko

2201 Zg. Kungota, Grušena 1,
Telefon und Fax (02) 656 43 11
e-mail: annemarie.vracko@siol.net
Wirtin: Annemarie Vračko
Deutsch
Geöffnet: 10–23 Uhr, Montag Ruhetag

Einen Rutscher über den Grenzübergang Langegg, ein paar Kilometer mit dem Auto und schon ist man bei Annemarie zu Gast.

Viele Gäste aus der Steiermark kommen wegen der frittierten Tintenfische, wegen Meeresfisch und Scampi. Nun gut, dies ist kein schlechtes Geschäft für die tüchtige Wirtin. Sie kocht jedoch viel lieber einheimische, bodenständige Kost, die auch typisch steirisch ist. Fleischsuppe, Pilzgerichte, Rindfleischsalat, Braten, Speck und Würste.

Das Wirtshaus Vracko ist sehr gemütlich eingerichtet und verfügt auch über einige Zimmer. In mehreren Stuben haben rund 100 Gäste Platz auch die Sitzterrasse vor dem Haus ist einladend und hat für rund 20 Personen Platz.

WC: sauber

Vinag Maribor

Vinarstvo Sadjarstvo
6200 Maribor, Trg Svobode 3
Generalmanager: Borut Kruder
Verkostungen auf Anfrage,
geöffnet 9–22 Uhr, Sonntag,
Montag geschlossen, im August
von 13–21 Uhr.

Zwei Kilometer Keller, Holzfass neben Holzfass (13.000 bis 17.000 Liter), ganze Kellergalerien mit Stahltanks, der größte fasst 370.000 Liter, und das alles mitten in der Stadt Marburg: Jeder Besucher ist erstaunt. Hier werden die Weine der Vinag Maribor gekeltert. Die Reben stammen von Weinbergen, die beinahe bis ins Zentrum dieser Stadt an der Drau reichen. Berühmt ist jener Weinberg, der wie eine Pyramide aussieht, auch so genannt wird und auf Weinetiketten abgebildet wurde. Der Keller der Vinag ist einige hundert Jahre alt und gehört zu den größten Weinkellern Europas.

Das ist notwendig, denn Vinag produziert jährlich zwischen sechs und sieben Millionen Liter Wein. Natürlich sind da etliche Millionen Liter Tafelwein dabei, der billig verkauft wird und der kaum auf den Tisch eines Weinfreundes kommen dürfte (außer er verirrt sich dorthin). Doch die Aktiengesellschaft (Hauptaktionäre sind eine Marburger Bank, eine kirchliche Bank und die Mitarbeiter des Hauses) produziert auch Weine von hoher Qualität. 40 Prozent der Weine werden im Holzfass vergoren. Alle Qualitätsweine also: ein Welschriesling, der Rheinriesling, Sauvignon, Traminer, Weißer Pinot, Chardonnay, Kerner, Muskateller, um die wichtigsten zu nennen.

Direkt an der Drau besitzt die Vinag eine Vinothek, in der nicht nur die Weine des eigenen Hauses, sondern aus ganz Slowenien verkostet und gekauft werden können.

Im ersten Stock der Vinothek befindet sich ein großer Verkostungsraum, der rund 60 Personen Platz bietet. Verkostungen von Gruppen werden hier durchgeführt. Gegen Voranmeldung kann dazu entweder nur Brot und Käse, oder aber auch Bufett (kalt und warm) bestellt werden. Der Chef der Vinothek spricht ausgezeichnet Deutsch und gibt sehr kompetente Erklärungen zu den Weinen ab.

Weitere Empfehlungen:

Restavracija Ribič

2259 Ptuj, Dravska ulica 9
Telefon (02) 771 4671
Geöffnet: 11–23 Uhr

Direkt am Fluss Drau liegt dieses bezaubernde und gemütliche Fischrestaurant. Wie der Name schon sagt, »Fischer«, erwartet den Gast hier Fischreichtum auf der Speisekarte. In erster Linie sind es Süßwasserfische, die angeboten werden: Zander, Forelle, Saibling, Hecht. Die Nähe zu Ungarn hat dem Angebot auch das Fischpaprikasch beschert. Diese Speise wird im Kupferkessel serviert und schmeckt vorzüglich. Das Restaurant ist nicht klein: Im Inneren haben über 150 Personen Platz, und die große Terrasse direkt am Ufer des Flusses bietet auch vielen Gästen die Möglichkeit, in frischer Luft unter schattigen Schirmen zu speisen.

Gostišče Pec

2352 Selnica ob Dravi,
Spodnja Selnica 1
Telefon (02) 674 03 56,
Fax 674 03 57,
www.enaplus.com/pec
Geöffnet: 11–23 Uhr

Schon einmal eine gute Liebstöckelsuppe genossen? Luschstock sagen die Österreicher zu diesem Gartengewürz, das sich wie Unkraut vermehrt, mit dem Schnaps verfeinert wird und durch das die Gemüsesuppe den besonderen Geschmack erhält. Diese Suppe ist ein Klassiker im Slow-Food-Restaurant Pec. Es liegt direkt an der Drau, auf dem Weg von Maribor nach Dravograd. Wein steht im Mittelpunkt des kulinarischen Angebotes – ganz klar, liegen doch so herrliche Weingegenden vor der Haustüre. Der Wirt ist zudem Sommelier und berät jeden Gast gerne, welchen Wein er zu welchem Essen trinken sollte.

Gostišče Urbanček

3222 Dramlje, Trnovec 56
Geöffnet: 7–22 Uhr, Mittwoch Ruhetag

Zwischen Maribor und Celje, wenige Kilometer vor Celje die Abfahrt Dramlje benutzen und in Richtung Trnovec fahren: So gelangt man recht schnell zu diesem architektonisch eigenartigen Wirtshausbau. Ein modernes Haus mit tief nach unten gezogenen Dächern, ein sehr schöner, eleganter Speisesaal, ein großer Gastgarten und, was besonders erwähnenswert ist, ein Weinkeller mit Atmosphäre (ein Steingewölbe, unter dem sich hinter schmiedeeisernen Gittern die Weine des Hauses verbergen). Im Weinkeller können Verkostungen durchgeführt werden. Der Wirt, er ist Sommelier, zeigt die besten Weine Sloweniens. Die Küche des Hauses bietet bodenständige und internationale Kost. Das Beef tartare gehört zu den am meisten bestellten Speisen des Hauses.

Gostišče Jeruzalem

2259 Ivanjkovci, Jeruzalem 18
Fax 714 190

Geöffnet: 9–23 Uhr, an Samstagen bis 2 Uhr

Dieser Gasthof, er bietet auch einige Zimmer zum Übernachten an, gehört zu den traditionsreichen Wirtshäusern des Landes. Viele Gäste aus nah und fern kehren dort ein. Ganz klar, ist doch Jeruzalem in der Stajerska immer eine Reise wert. Dass in dieser Gostišče die hervorragenden Weine aus der Umgebung angeboten werden, ist verständlich. Verkostungen im Keller, der einige Jahrhunderte alt ist, können gegen Voranmeldung ebenfalls durchgeführt werden. Die Küche des Hauses ist ländlich, bodenständig, mit vielen hausgemachten Spezialitäten wie Käse, Pastete, Verhacktes (Sasaka), Kübelfleisch und Heidensterz. Eine lange Liste wäre da aufzuzählen.

Restavracija Horvat-Lovenjak

9201 Puconci, Polana 40
Telefon (02) 525 1010

Geöffnet: 11–24 Uhr, Mittwoch Ruhetag

Dieses Wirtshaus zwischen Černelavci und Polana befindet sich bereits seit vielen Generationen im Familienbesitz. Nach alten Rezepten werden regionale Spezialitäten aus dem Bereich der Prekmurje gekocht. Wichtig für die Küche ist das saisonale Angebot. Obschon die Speisekarte sehr viele Standardgerichte anbietet, werden die Gerichte je nach Saison anders gekocht. Fisch steht auch auf der Karte: Meeresfisch (der frisch eingekauft werden kann) und Süßwasserfisch. Gekocht wird kreativ, geschmack- und qualitätsvoll. Das Wirtshaus verfügt über einen schönen Gastgarten. Die Räume im Inneren sind sehr sauber und gemütlich. Auf Tischkultur wird ebenso großer Wert gelegt.

Hoški Grad

2311 Hoče, Poljska cesta 30

Geöffnet: 12–24 Uhr, an Sonntagen bis 20 Uhr, kein Ruhetag

Auf dem Weg von Maribor nach Slovenska Bistrica liegt dieses Märchenschloss Hoški Grad, benannt nach dem Hügel Hočki gozd. Und zwar muss man in Spodnje Hoče nach rechts abzweigen. Das Schloss, es bietet auch Zimmer an, verwöhnt seine Gäste vor allem mit Wildspezialitäten. Im Speisesaal ist ein offener Kamin – ähnlich dem Fogolar in Friaul – auf dem gegrillt, aber auch gekocht wird. Eine Schauküche sozusagen. Die Wirtsleute wollen ihren Gästen damit das Flair vergangener Zeiten bieten, als die Burgherren nach der Jagd hier ihre großen Feste gefeiert hatten. Hirsch- und Wildschweinsalami sollten auf alle Fälle verkostet werden.

Gostilna Kalan

2314 Zgornja Polskava, Oglenšak 10 Telefon und Fax (02) 803 64 62

Geöffnet: 9–23 Uhr, Montag Ruhetag

Dieses Wirtshaus – ein Slow-Food-Mitgliedsbetrieb – liegt etwas abseits der Straße, die von Maribor nach Celje führt. Er hat einige Zimmer, einen sehr sonnigen, großen Speisesaal, ein schöne Sitzterrasse und vor allem eine sehr gute Küche. Seit mehr als 100 Jahren befindet sich an diesem Platz ein Wirtshaus, das allerdings nun modern ausgestattet und eingerichtet ist. Hier werden sehr gute Weine Sloweniens angeboten, die Steaks sind bekannt. Das Angebot an Jausenspezialitäten ist ebenfalls beachtlich: hausgemachte Würste, Geselchtes, Sasaka (Verhacktes). Wild findet sich ebenso auf der Speisekarte wie fangfrische Forellen.

Gostilna Sauperl-Vernik

2342 Ruše, Bezena 3 Telefon (02) 668 86 26

Geöffnet: 10–23 Uhr, Montag Ruhetag

Zwischen Maribor und Ruše (das ist Richtung Dravograd, allerdings auf der anderen Seite der Drau) liegt die kleine Ortschaft Bezena, in der man das nette Gasthaus Sauperl findet. Ein Familienbetrieb, der bereits in der dritten Generation geführt wird. Das Lokal ist nicht sehr groß – es bietet knapp 70 Personen Platz, im Gastgarten können sogar über 80 Gäste bewirtet werden.

Die Wirtin legt Wert auf alte slowenische Küche. Die Rezepte sind traditionell und wurden von der Großmutter weitergegeben. Dekoratives Glanzstück des Wirtshauses ist ein uralter Musikautomat – eine Art Spieltruhe. Ein Wunderding zum Bestaunen.

Rezepte

A

Apfelstrudel 76
Austern mit Zitrone 124

B

Beefsteak auf Rucola 80
Bertram-Potize 122
Bertramstrudel 150
Bogratsch-Gulasch 174
Birnen in Rotwein 32
Branzino in Salzkruste 46
Buchweizenkrapfen 23
Buchweizensterz 30
Buchweizenštrukli 34

C

Calamari gefüllt 125
Capesante mit Ananassaft 79
Carpaccio vom Branzin 47, 106
Champignons mit Gänseleber 134
Charlotte 182
Čurasko-Spieß 164

E

Erdäpelknödel mit Scampisoße 117
Erdäpfelsuppe 32

F

Filet Vinoteka 134
Fischplatte 20
Fischsuppe 76
Flancati 26
Flusskrebse 19
Flusskrebse in Buseva mit
weißer Polenta 47
Forelle »Logar-Art« 35
Forelle à la Skrt 50
Forellen gefüllt 147

G

Gebackene Paradeiser 99
Gemüselasagne 99, 117
Gerstenbrei 96
Gibanica 180
Grammelbrot 148, 168

H

Hirsch mit Polenta 48
Hirschmedaillons 125
Honig-Käse 122
Hummernudeln 100

K

Kalbseintopf 31
Kalbsbrust, gefüllt 27
Kalbsmedaillons in Cognacsoße 128
Kalbsschulter gerollt 114
Karfreitstrudel 44
Karst-Beefsteak 83
Karster Jota 96
Käsebrot 170
Käsesoße 35
Käseštrukli 134
Kletzennudel 36
Knoblauchsuppe 147
Knoblauchsuppe mit Scampi 126
Krainerwurst in Rotwein 19
Kräuteromelette 60

L

Lachsfilet in Safransoße 23

M

Meeresfrüchte mit Pistazien 106
Meeresrisotto 46
Mimoza-Salat 16
Muscheln in Buzara 104

P

Pfeffersteak 20
Pfirsichkuchen 104

Pilzsuppe 16
Pobolitzn 141
Prosciutto in Weißwein 80

R

Risotto mit Pilzen 116
Risotto nero 118
Rosmarinschnitzel 16

S

Scampi Buzara 102
Scampi in weißer Buzara 79
Scampi-Gnocchi 103
Schafskäse, eingelegt 129
Schafskäse-Ravioli 116
Schinken in Weinessig 60
Schinken in Rotwein 99
Schlickkrapfen 53
Seezungen in Weißwein 103
Spaghetti mare e monti 120
Spinatnockerln mit Gorgonzolasoße . 132
Štrukli 144

T

Tintenfischsalat 102
Topfennockerln 48
Topfennockerln mit Pilzsoße 133
Topfennudeln 28

W

Weißer Strudel 35
Wildmedaillons 129

Z

Zlatovščica-Suppe 53

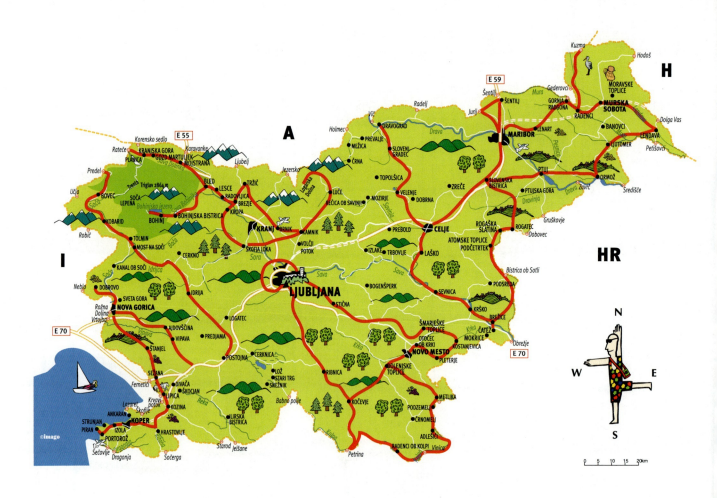

Wirte und Winzer

A
As, Gostilna, Ljubljana 118
Avsenik, Restaurant, Begunje 36

B
Belica, Weingut, Medana 60
Bellevue, Restavracija, Rog. Slatina .. 163
Bjana, Sektkellerei, Dobrovo 75
Bled, Hotel ‚Vila, Bled 23
Borko, Weingut, Gornja Radgona 178
Breza, Gostilna, Kobarid 48
Bužinel, Gostilna, Dobrovo 67

C
Casa del Papa, Ljubljana 135
Casino Park, Hotel, Nova Gorica 75
Constantini, Weingut, Plešivo 72
Čotar, Weingut, Komen 92
Čurin-Prapotnik, Weingut, Ormož 167

D
Delfin, Gostišče, Piran 100
Domačija Šerc, Podkoren 18
Domen, Penzion, Šmarješke Toplice 145
Dvorec Zemono, Gostišče, Vipava 80

F
Fortunat, Gostilna, Ljubljana 117
Franko, Restavracija, Kobarid 47

G
Gergjek, Gostilna, Tišina 179
Golf Klub Bled, Gostilna, Bled 37
Grad Dobrovo, Restaurant, Dobrovo 79
Grad Otočec, Hotel, Otočec 154
Grad Socerb, Restaurant, Socerb 107

H
Haloze-Weinkellerei Ptuj, Ptuj 166
Horvat-Lovenjak, Restaurant, Puconci .. 188
Hoški Grad, Hoče 185

I
Istenič, Janez, Weingut, Bizeljsko 151

J
Jazbec, Gostišče, Kobarid 50
Jazbec, Gostilna, Štanjel 107
JB Restaurant, Ljubljana 126
Jeruzalem, Gostišče, Jeruzalem 188

K
Kalan, Gostilna, Zgornja Polskava 185
Kendov dvorec, Spodnja Idrija 51
Kisilak, Weingut, Murska Sobota 175
Klinec, Weingut, Medana 63
Kolesar, Gostilna, Dolenja Sušice 147
Kos, Gostišče, Novo Mesto 154
Kotlar, Restavracija, Kobarid 44
Kovač, Gostišče, Kropa 28
Kovač, Gostilna, Ljubljana 114
Kren, Dario, Weingut, Dobrovo 84
Kristančič, Weingut, Medana 62
Krona, Hotel, Domžale 128
Krpan, Gostilna, Lubljana 122
Kunstelj, Gostilna, Radovljica 24

L
Lectar, Gostilna, Radovljica 26
Lisjak, Weingut, Dutovlje 94

M
Mangrt, Gostišče, Bovec 53
Marina, Restaurant, Protorož 104
Mavrič, Weingut, Šlovrenc 71
Mayer, Gostišče, Bled 20
Miklič, Penzion, Kranjska Gora 19
Monroe, Restavracija, Ljubljana 130
Montparis, Gostišče, Planina 154
Movia, Weingut, Ceglo 67

N
Na Hribu, Gostišče, Novo mesto 148
Neptun, Restaurant, Piran 103

P
Pec, Gostišče, Selnica ob Dravi 186
Pikol, Restavracija, Nova Gorica 76
Plesnik, Hotel, Logarska Dolina 35
Polonka, Gostilna, Kobarid 44
Premetovc, Gostišče, Škofja Loka 31
Pri Danilu, Gostilna, Škofja Loka 135
Pri Hrastu, Gostilna, Nova Gorica 84
Pri Poku, Gostišče, Ljubljana 125
Pri Žerjavu, Rateče 16
Primorka, Restaurant, Strunjan 99

R
Radgonske gorice, Gornja Radgona 176
Raduha, Penzion, Luče ob Savinji 32
Rajh, Gostilna, Murska Sobota 172
Ravbar, Gostilna, Dutovlje 96
Ribič, Gostilna, Portorož 103
Ribič, Restavracija, Ptuj 186
Rotovž, Restavracija, Ljubljana 121
Rožič, Penzion, Bohinjsko jezero 37

S

Sauperl-Vernik, Gostilna, Ruše 186
Simčič, Edi, Weingut, Vipolže 72
Simčič, Marjan, Weingut, Medana 64
Skrt, Gostilna, Tolmin 50
Stična, Kloster 145
Ščurek, Weingut, Plešivo 68
Šiker, Gostilna, Pernica 180
Špacapan, Gostišče, Komen 95
Štekar, Weingut, Kojsko 84
Steklarska šola, Rogaška Slatina 164
Štorovje, Gostilna, Šentvid pri Stični . 144

T

Taverna Jeruzalem, Jeruzalem 168
Tilia, Weingut, Dobravlje 83
Topli val, Restavracija-Hotel, Kobarid . 46
Topolino Restauracija, Bled 24
Trdinov Hram, Menges 134

U

Urbanček, Gostišče, Dramlje 186

V

Valentin, Hotel, Kočevje 154
Vila Bela, Preddvor 37
Vinag Maribor 184
Vino Kupljen, Jeruzalem 171
Vinoteka, Ljubljana 133
Valdhuber, Weingut, Svečina 182
Vračko, Gostilna, Zg. Kungota 184

W

Weinkellerei Jeruzalem-Ormož 170

Z

Za Gradom/Rodica, Gostilna, Koper.. 107
Zlata goska, Gostilna, Ptuj 163
Žeja, Gostilna, Ozeljan 79

Zeichen und Begriffe

EL – Esslöffel
TL – Teelöffel
Stk. – Stück
Pkg. – Packung
l – Liter
kg – Kilogramm
dag – Dekagramm
g – Gramm
kl. – klein
dl – Deziliter
cl – Zentiliter
1 kg = 100 dag = 1000 g
1 l = 10 dl = 100 cl

Alle Mengenangaben bei den Rezepten sind für vier Personen berechnet. Abweichungen werden extra vermerkt.

Worterklärungen

Bertram – Estragon
Brösel – Paniermehl
Erdäpfel – Kartoffel
Faschiertes – Hackfleisch
Germ – Hefe
Heiden oder **Had'n** – Buchweizen
Paradeiser – Tomaten
Polenta – gekochtes Maismehl
Porree – Lauch
Sasaka oder **Verhacktes** bzw. **Kübelfleisch** – fein faschierter Speck, wird als Brotaufstrich oder auch als Fett zum Kochen (meist Braten) verwendet
Schlagrahm, süßer Rahm oder **Obers** – Sahne
Schmalz – Schweinefett
Wurzelgemüse oder **Wurzelwerk** – Karotten, Sellerieknolle, Petersilie und Porree

Sloweniens Weine

Weißweine

Beli pinot – Weißer Burgunder
Chardonnay
Furlanski tokaj – Tocai friulano
Kerner
Laški rizling – Welschriesling
Malvazija – Malvasier
Muškat Otonel – Muskat Ottonel
Rebula – Rebula
Renski rizling – Rheinriesling
Rumeni muškat – Gelber Muskateller
Sauvignon – Muskatsilvaner oder Sauvignon
Sivi Pinot – Grauer Burgunder
Šipon – Furmint
Traminec – Traminer
Zelen – Zelen
Zeleni silvanec – Grüner Silvaner

Rotweine

Barbera – Blauer Barbera
Cabernet franc – Cabernet Franc
Cabernet Sauvignon
Frankinja – Blaufränkischer
Merlot
Modri pinot – Blauer Burgunder
Portugalka – Portugieser
Refošk – Refosco
Šentlovrenka – Roter Sankt Laurent
Zweigelt

Copyright © by Verlag Carinthia, Klagenfurt/Österreich, 1998
Alle Rechte, insbesondere das Recht der Verbreitung, auch durch Film,
fotomechanische Wiedergabe, Bild- und Tonträger jeder Art,
oder auch auszugsweiser Nachdruck vorbehalten.

Karten mit Genehmigung des Tourismusamtes
von Slowenien (© imago Ljubljana)

3. überarbeitete Auflage 2003

ISBN 3-85378-566-2

Gestaltung, Satz und Reprographie: Textdesign GmbH, Klagenfurt
Druck: Carinthian Bogendruck GmbH, Klagenfurt